U0010303

Taiwan
Creations

嘉義

旅行與速寫

畫家帶路，

找一片留在心底的風景。

作者／吳靜雯、梁紹偉

太雅

目　錄

本書Icon圖示分類

 建築景點　 文創商家

 餐廳小吃　 藝術文化

 咖啡甜點

說說嘉義

在地風景速寫示範

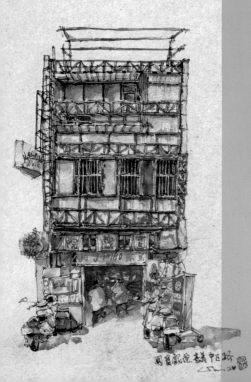

變與不變，都彌足珍貴

　　年少時，有幸在嘉義這個民主聖地受教育，雖說當時的高中生活還是以課業為重，但眾多老師們也在授課時口沫橫飛地偷渡了些文化、藝術，甚至政治觀點，仔細想想，靜雯這個人的許多觀念養成，好像就是這幾年默默累積而成的。也因為生命中蘊含著這一層沃土，嘉義似乎順理成章成了我的第二故鄉。

　　後來很長一段時間以國外旅遊為主，反而鮮少回嘉義走逛，很榮幸有機會與太雅、紹偉合作嘉義這本書，重新深度探索嘉義，在其變與不變之間，尋得了許多深刻的驚喜。

　　嘉義不變的，是市區裡那些老街巷，同樣地窄小，兩邊依舊林立著許多兩層樓老建築，以及始終照著自己的性子，

嘉義東市牛哥
Sai

　　依山傍水生活著的那份慢悠。幾十年過去了，生活方式與市容的變化真的不大。

　　而嘉義變的，也在那些窄小的老街巷裡，多了回嘉生活或移居嘉義的年輕人，有人默默耕耘了近十年，也有人才剛開始起步幾個月，更有些是幾十年的老店換裝重新出發。難能可貴的是，樸實的嘉義人對於老店的新風貌並不排斥，而是樂見其成。老顧客與新來乍到的嘗鮮客，毫不違和地構築出美好的當代風景。

　　嘉義這份純樸的人情也是這次蒐集資料的過程中令我最感動之處，而且這深情厚意的背後，還蘊藏著令人驚豔的藝術素養。老日本料理店的老闆愛蒐集抽象的石猴雕像作品；老藥店的老闆則癡迷於日治時代的優雅老家具；民宿或著名咖啡館的年輕老闆，著迷於古物與自然枝葉的空間布置；獨立書房全力推廣建築人文的養成；就連幼兒園園長夫婦，都是修復老屋的藝界高手。這樣的嘉義，遠不只有火雞肉飯與砂鍋魚頭，即使是阿里山，也是高深得風情萬千！

吳靜雯

5

寫書，充滿挑戰的新嘗試

首先感謝各位購買這本書，和我一起重新認識嘉義這座城市。

大概是四年前吧，我離開了婚紗公司，自己獨立接案。沒有安排工作的日子，要如何打發時間？除了攝影之外，就想學畫畫。一開始我選了油畫，玩了約半年，發覺自己在運筆和構圖上不如拍照時得心應手，於是到圖書館借了幾本素描的書來看，但看了幾頁又發現，這真不是挺有趣啊！也許是我沒什麼耐心。我又再到圖書館找資料，無意中發現了一本結合世界各地速寫家的書，書中的畫畫方式實在太有趣了，各有各的特色，各有各的手法，當下就決定這種畫畫方式才是我想要的。接下來的日子，我幾乎沒日沒夜，廢寢忘食，以爆肝的瘋狂程度練習了速寫，我樂在其中，畫著畫著就也開始在社群網路上分享自己的作品。

一次收到太雅出版社張總編輯的Messenger聯繫，邀約出版一本有關嘉義的旅遊書，由我負責手繪的部分，文字由作家靜雯負責。當下我覺得自己何德何能啊？但同時也很高興能得到他人的認同，更高興能有機會為嘉義這個地方做一點事，盡自己綿薄之力。在此特

嘉義.二樂

別感謝朱啟助老師的推薦！不過沒想到一開始就遇到大問題，COVID-19全球肆虐，台灣也難以倖免，計劃步驟因此被打亂。起初戴著口罩外出，踩點時用相機先做紀錄，回家再手繪，隨著台灣疫情控制得宜，我便盡可能外出時直接現場速寫。由於還要兼顧本身的工作，在找點方面還好有作家靜雯。她很敏銳地發掘了一些連我也不曾去過的地方，對我來說充滿了新鮮感。我們倆心有同感，嘉義真是個可以一再探索的好地方！真的是臥虎藏龍！

另一個難題是速寫教學示範，對於文

6

Chiayi Station

字不在行的我，這真的是一大難題啊！
硬著頭皮以簡單易懂的方式來完成這個
部分，所幸有編輯協助文字修改。其實
要一邊畫一邊拍，剛開始是有點卡卡
的，因為以前速寫都是一氣呵成，現在
每畫好一個步驟都要停下來拍照，才能
進行下一步，頓時手忙腳亂，還好最後
順利完成了，與其說是教學，不如說這
是我分享自己的繪畫心得吧！

霸室咖啡

　最後獻上我最真誠的感謝，感謝大家
願意和我一起探索嘉義！

梁紹偉

説説嘉義

　　嘉義古稱「諸羅山」，名稱譯自平埔族原住民洪雅族的社名，位於台灣最大的嘉南平原偏北處，靠近北回歸線。這區也是台灣最早發展的區域之一，西元1624年荷人據台之前，由鄭芝龍等二十八人推為明朝海盜之首的顏思齊，率眾由笨港(今嘉義新港)登陸，在嘉義一帶開墾，成為中國移民的主要據點。

　　嘉義又名「桃城」。清治時期林爽文事件後，改以磚石建造城牆，設有東、西、南、北門，當時的古城形狀如桃，故得其名。然而，1906年日治時期發生嘉義梅山大地震，城垣全毀，僅東門倖免。

所幸當時的日本政府大舉重整嘉義市區，並開始建設阿里山森林鐵路，劫後重生的嘉義，自此開啟一段繁華榮景，成為台灣四大都市之一。現今的主要景點多為日治時期遺留下來的，如北門車站、檜意森活村、製材所、昭和十八，以及新開幕的嘉義市立美術館。

嘉義市區主要分為東、西兩區：東市場、嘉義公園、北門車站均屬於東區；中央噴水池到火車站之間則屬西區。嘉義市區並不大，走逛於嘉義街巷時，深刻感受到一種介於城市與小鎮間的悠然氛圍。單行道兩旁的兩層樓木造老建築、悠哉騎著摩托車穿梭於市場裡買菜的婆婆媽媽、秉持著不同理想回嘉築夢的返鄉青年、雞油與蔥油香完美融合的雞肉飯、現打果汁的清爽暢飲……，既有濱海的生猛海鮮、也有阿里山的山林野味，這樣的嘉義，名符其實包山包海包悠閒，愈往深裡挖，一個又一個精采的美好空間不斷冒出來「say hello」。這才發現，原來嘉義這麼好玩！

歷史年表

1644年	荷蘭人統治台南安平一帶後，又將嘉義市列入「北部地方會議區」的第一行政區，現仍留有「紅毛井」(現蘭井街上)、「紅毛埤」(現蘭潭水庫)等遺跡。
1661年	鄭成功設一府二縣，即承天府與天興、萬年兩縣，嘉義市屬天興縣，這時也日漸成為較具規模的聚落。
1684年	清康熙23年台灣納入清帝國版圖，設立「台灣府」統管諸羅(嘉義)、台灣、鳳山三縣，並開始設置城柵護城，1727年雍正時期改為土牆門樓，東西南北門分別稱為襟山、帶海、崇陽、拱辰，後又設置砲台固城。
1787年	清乾隆時期發生林爽文反清之役，城內人民協助清軍守城，平定後皇帝為「嘉其死守城池之忠義」而賜名「嘉義」，這也是唯一由皇帝親賜的台灣地名。
1895年	日治時代開始在嘉義市設辦務署，統轄嘉義縣，發展林木業，開啟嘉義市商貿的黃金年代。
1945年	二戰後，嘉義市設為省轄市，民國39年降為縣轄市，直到民國71年才又升格為省轄市，一至八屆及第十屆民選市長皆由女性擔任，第一屆由有「嘉義媽祖婆」之稱的許世賢擔任，之後接任者多為黨外地方派系許家班成員。
1947年	嘉義為二二八事件中最嚴重的區域，當時前往和國軍談判的嘉義仕紳，包括畫家陳澄波、醫師潘木枝均不幸於3月18日在嘉義街頭被槍決。

嘉義關鍵字

嘉義女兒節

2002年一群對環境生態、手工藝術、食器文化、庶民美學有興趣的朋友，於每年晚秋收成期間發起嘉義〈女兒節〉，並以農人感念大地之母豐賜來命名。活動大約會在11月底舉辦，內容包括白天的市集、傍晚最具特色的拍賣會，以及隔日的晚會。

覺醒音樂祭

2009年一群高中熱音社學生發起這個活動，多年後竟發展為台灣最著名的搖滾音樂節之一「Wake up音樂祭」，又稱「威卡」。舉辦時間通常為夏季，現改由「嘉義市搖滾音樂祭」繼續搖滾。

草草戲劇節

1998年文建會(現文化部)的「青少年戲劇推廣計劃」在嘉義高中戲劇社播下種子，2009年開始舉辦「草草戲劇節」，希望以路邊俯拾皆是的「草」為名，在各角落舉辦影展、市集、街頭表演，和青少年一同藉由戲劇的養分，建立年輕人擴展創意與視野的交流平台。

國際管樂節

早在昭和六年(1932年)嘉義即成立管樂團，後於1993年舉辦「第一屆管樂節」，1997年開始邀請海外團體共襄盛舉，此後近三十年，每年十二月中盛大舉辦國際管樂節，各個管樂團在嘉義街頭踩街遊行、室內表演場地演出，讓嘉義小城躍升為國際著名的管樂城市。嘉義地區對於管樂與打擊樂充滿熱情的音樂人，還組成了嘉頌重奏團，除了時常舉辦音樂會之外，也扮演著培育音樂人的角色。

Kano

《Kano》這部電影上映後，讓更多台灣人知道，原來是從嘉農棒球隊這支台灣之光，世界才開始知曉台灣棒球的實力。當時這支隊伍由原住民、台灣人、日本人共同組成，在日本甲子園名將近藤兵太郎的訓練下，開始發光發熱，甚至赴日參加甲子園之戰，成就了好幾位棒球明星，其中最著名的是號稱「麒麟子」的投手吳明捷，他投球的姿態彷如一隻展翅的老鷹，也就是現今嘉義中央噴水池上的雕像(P.101)。

陳澄波

1895年生於嘉義西門外的陳澄波，在東京美術學校圖畫師範科就讀時，便以油畫作品〈嘉義街外(一)〉入選帝國美術展覽會，為第一位入選的臺籍畫家。畢業後至上海任教，積極推廣中西融合的前衛畫法。後因局勢不穩返台定居，並與顏水龍、廖繼春等人創辦「臺陽美術協會」。返台後的生活收入不穩定，所幸

妻子張捷默默挑起家計的擔子，支持陳澄波持續作畫，為世人留下〈溫陵媽祖廟〉〈淡水夕照〉〈我的家庭〉等著名畫作。當時陳家位於蘭井街的故居，目前為「咱台灣人的冰店」(P.97)。此外，嘉義號稱「畫都」非浪得虛名，除了陳澄波外，張義雄、吳梅嶺、林玉山也都是台灣畫壇重量級的畫家。

玄天上帝廟下路頭盪鞦韆賽會 (北極武當山玄天上帝廟)

據傳清朝時下路頭區(光路社區)深受瘟疫之苦，當地居民誠心向玄天上帝祈求後，果真瘟疫不再，居民為了感謝神明的護佑，每五年兩次，在農曆3月6日玄天上帝誕辰時，盛大舉辦「下路頭鞦韆賽會」，這項習俗已有兩百多年歷史。

賽會所使用的鞦韆仍遵照古法打造，當地居民通力合作以刺竹及紫藤打造四層樓高的鞦韆，完全不使用現代的釘、鐵。透過這個過程，也讓後代有機會了解古人高超的手工技藝。

草草戲劇節：the-grasstraw-festival.ourtheatre.net
國際管樂節：www.chiayiband.org
嘉頌重奏團：www.facebook.com/chiasongensemble
陳澄波文化基金會：chenchengpo.dcam.wzu.edu.tw

嘉義人的吃食文化

嘉義雖然緊鄰著台南，但口味偏鹹，融合北鹹南甜，取得嘉義特有的鹹甜滋味。像是最著名的火雞肉飯，鹹香的醬汁與雞油淋在白米飯上，再搭配香噴噴的油蔥酥，完美詮釋嘉義式的香鹹滋味。

火雞肉飯

嘉義最具代表性的小吃。火雞肉要煮得不乾柴，且需搭配以雞骨熬煮的醬油淋醬，才能做出正宗的嘉義火雞肉飯香氣。此外飯上面還要拌雞油(現多會加入供應量較足的豬油)，最後再放上油蔥。

一般的雞肉飯是指火雞肉絲飯，但嘉義大部分商家還賣火雞腿肉的火雞肉片飯，口感更棒。阿明火雞肉飯(P.107)還推出獨家的火雞肉咖哩飯。

嘉義雞肉飯百百家，最著名的包括劉里長、阿樓師、阿明、阿溪、民主、大同、桃城三禾、桃城南門(紅酒豬腳也有名)、嘉義人，以及分店最多的噴水雞肉飯，後起之秀阿宏師火雞肉飯也在許多嘉義人的口袋名單中。

砂鍋魚頭

香濃的豬骨湯加入清甜的大白菜、黑木耳、豆皮與三層肉，以及不可少的沙茶，口味獨特的湯頭搭配炸得酥脆的魚頭、魚肉，難怪嘉義的砂鍋魚頭，能讓

砂鍋魚頭這道料理躍升為嘉義美食代表作之一。

涼麵

嘉義長大的孩子到其他縣市吃涼麵總會嚇一跳，因為他們從小吃到大的涼麵是白色寬麵，而且還要淋上美乃滋，有些還特別著重蒜味，炎炎夏日吃起來更開胃。

魯熟肉

魯熟肉是許多在地人喜愛的小吃，雖然說這不是每位遊客都能接受的口味。魯熟肉主要分為「肚內」(內臟)與「手路菜」兩種。豬內臟包括豬心、豬舌、豬肺、粉肝、乳房……各種常見與不常見的部位都可能出現在攤位上，手路菜則是加工料理過的肉捲、蟳糕等。

豆漿豆花

魚夫繪著的《桃城著味》書中提到，嘉義人會在豆花裡加豆漿的主要原因是，豆花做壞了，比較吃不出來啦！沒想到這後來成了嘉義豆花的特色。此外，許多老店的花生煮得綿細軟嫩，也需要功夫。嘉義市區最著名的為阿娥豆漿豆花與品安豆漿豆花。品安豆漿豆花的選項較多，芋泥、芋圓也很受好評。

果汁

炎熱的嘉義，讓人直想喝杯冰品，還沒發明珍珠奶茶之前，冰涼的果汁是嘉義人解暑的熱門飲品。以往嘉義的果汁為四味果汁，通常是口味清爽的鳳梨、木瓜、檸檬及香水芭樂，但目前較常見的是三味果汁，少了香水芭樂這一味。

阿里山羊羹、雪花餅、麻糬

日治時代的甜點師傅在台灣傳承了不少日式甜點，羊羹與雪花餅因而日漸成了嘉義著名的甜點。羊羹以洋菜、豆沙、麥芽、糖慢熬而成，而雪花糕則是冰凍的奶油夾心，口感綿香。

另也相當推薦喜田屋老店的麻糬，共有八種口味，除了常見的芝麻、紅豆、花生外，還有以上三種都包的招牌麻糬，另還推出毛豆、腰果、香菇、蘿蔔乾混搭的各式鹹味麻糬。除了餡料外，麻糬上撒的黃豆粉香醇，外皮的口感相當Q軟。

好 味 推 播

南田市場

南田市場是嘉義各家餐廳、小吃攤販採買食材的批發市場，當天從台灣各產地直運的貨品新鮮、價格實在。為了配合店家開店時間，凌晨三點即熱鬧登場。由於商家的批貨量較大，市場的攤販還提供貼心的配送服務，顧客選好商品後，只要告知自己的貨車車牌號碼，商家會將貨品送到停在市場外的車上。

南田市場的尖峰時間為每天早上五至八點，十一點便陸續收攤，想感受市場內配送貨品的熱鬧氣息，可找一天早上過去看看批發市場的活力。逛累了若巧遇阿麗姐母女的流動餐車，還可吃碗古早味的碗粿、肉粽、草仔粿或炒麵。

如何將平凡建築畫成生動速寫畫？

Let's Go ••••> # 在地風景速寫示範

　　嘉義到處都是老建築、老房子，古色古香的美舊風情，實在值得好好珍藏起來。示範 10 個我們覺得非常具有嘉義特色的風景速寫，逐一步驟講解細節，相信能幫助你在賞心悅目之餘，也懂得畫出嘉義的精髓，帶一片你覺得最動人的風景回去！

註：所有水彩顏色都以牛頓水彩色卡的中文名稱為準。

仁愛路雞肉飯

16

　　說到嘉義的美食，雞肉飯一定是代表之一，至於哪一家最好吃，只能說各有各的特色。這家是位於仁愛路上的店家，沒有店名，老闆很乾脆地就寫上大大的三個字——雞肉飯！也有賣魯肉飯，如果兩樣都想品嚐看看，推薦可以叫一碗雞魯飯，有雞油、豬油的綜合香喔！

step 01

畫之前先構圖

　　首先，以這張圖來説，我會將構圖分成上、下兩部分處理，框出來的範圍是我主要想呈現的，其他部分會用簡單的色塊來做。畫紙用的是中粗紋的畫紙。

step 02

草稿定位，加深色塊

　　先用鉛筆打稿畫出定位，再用書法尖鋼筆描繪主線。首先畫紅色屋簷，再往下和上延伸。畫的時候要有所取捨，例如暗部裡的物件不必全都畫出來。所有線條都完成後，在暗部畫上深黑色塊，再用手指往下搓出黑色色層，如此線稿就完成了！

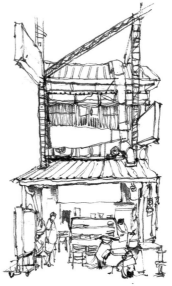

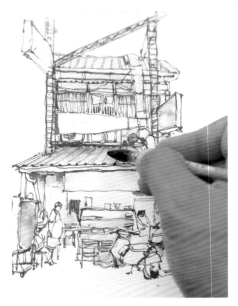

step 03

畫上底色

　　底色只要調出每個元素的固有色就好，這裡我使用了：樹綠畫上半的屋頂、淺鎘橙加淡淡的天藍畫招牌、鎘紅加些許暗紅畫中間屋簷，其他依此類推，分別塗上該有的底色就好。

step 04

暗部與地面上色

　　店裡面的暗部深色處，我使用群青和暗紅混合調色；畫到地面時，我使用了些許的淺鎘橙刷上一筆，主要是用來中和暗部的色調。第一層的色層到此即完成。

step 05

為背景上色

　　背景可以依據照片中
實際的物件顏色為主，
上色時用輕快的筆觸大
筆大筆地刷上。色彩要
盡量簡單，千萬不要蓋
過了主題喔！

step 06

增加亮暗部層次

　　接下來上第二層的顏色，依序加深每個部
分的暗部層次，做出亮暗的對比。用乾筆刷
畫出招牌和紅色屋頂的生鏽狀態：筆先用面
紙吸掉一些水分，再用筆尖同時沾上三個顏
色，依序是淺隔
橙、暗紅、些許
佩尼灰，然後以
輕快的筆觸畫下
一道道線條。

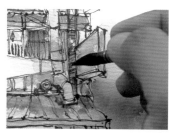

step 07

描繪一樓店面細節

因為已經先把亮暗部的層次處理好了，所以只要塗上各物件的固有顏色就可以！一邊上色時，也可以一邊觀察暗部層次是否還需要調整。

step 08

描繪二樓與招牌

以同樣的方式描繪二樓和細節。畫招牌需要一些耐心，字體太小的地方，只要加一些像字體的色點就好。二樓右側的招牌我用留白來表現字體的感覺。調出淡淡的藍灰色(佩尼灰、群青)隨性地灑在畫紙上，增加趣味。反光處用牛奶筆畫上白色的線條。

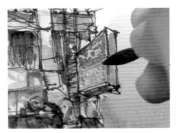

秘氏咖啡

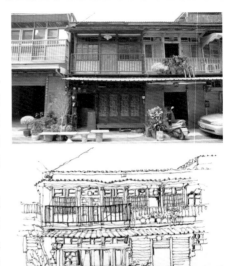

step 01

構圖，畫出左右建築線稿

原圖最吸引我的地方是一樓的窗簾顏色和木門。在畫圖的設定上，我會畫出窗簾打開裡面有燈光的效果。畫面雖然看似複雜，但其實是一個完全正面的景，幾乎沒有透視問題，就把它分成兩半來畫吧！

先畫出兩層樓之間的鐵皮屋頂，再往上或往下延伸畫出細節。我故意不把建築物個別獨立出來，用了不同的方式來處理：左邊是店家，右邊是住家，主要凸顯兩棟建築景物的不同，並透過留白增加畫面的趣味性。

step 02

內景亮暗層次

用群青加佩尼灰作為陰影的底色，同時也加入微量的焦茶色，讓色調不至過於偏藍，保有一些溫度。趁顏料還沒乾，在一樓室內畫上淺鎘橙，做出室內燈光的效果。有些地方加入少量的鎘紅，與未乾的藍色混出淡淡的紫色調。鐵皮則用了樹綠色。

step 03

畫出建築主色

　　等Step 2的顏色乾了
之後再繼續畫，否則會
混出髒髒的顏色。木門
和窗戶用焦茶加淺鎘
橙，先上一層淺色，然
後層層慢慢堆疊。一樓
的窗簾用鎘紅，以點畫
方式做出窗簾的紋理。

step 04

點綴細節物件

　　最後為左側盆栽、右
側二樓的植物和門前的
機車上色，機車只塗了
陰影和車燈，其他部分
留白。檢查一下畫面，
有完美凸顯出主題嗎？
　　OK！這樣就大功告
成了。

巴美食堂

畫之前先構圖

　　這張的構圖我會分成上下兩個部分來處理。此外，我會用書法尖鋼筆和中粗紋水彩紙來畫，因為書法尖有豐富的粗細線條變化，搭配有一點紋路的畫紙，更能凸顯老建築的風采！

將畫面分兩半

　　從中間的遮雨棚開始畫，以遮雨棚分出上下。我選擇先畫上半部的窗戶，看似複雜的窗戶線條，其實只要分出直線和橫線，細心地慢慢畫上去就好了。值得一提的是最上方鐵皮屋的側面角度，記得要畫出立體面。

注意線條和對稱比例

　　再來是下半部。注意植物的葉子畫法，盡量畫出不一樣的線條和形狀，以此表現出不同的植物類型，最後再勾勒出機車。要特別注意左右上下對稱的關係和比例。

TIP：從右而左或從左而右畫都可以，建議按慣用手的方向來畫，除了比較順手，也避免手摩擦到未乾的墨而留下痕跡。

從暖色開始上色

　　第一層先上底色，先從暖色系開始，調色時再慢慢加入其他的顏色來混合。先用淺鎘橙塗遮雨棚，二樓的窗戶內、鐵皮屋的左側和植物也加入一些暖色。接著，混入些許的焦茶色塗一樓的木板。依此類推，塗上每個物件的固有底色即可。

TIP：第一層的顏色不要塗得太深，不然第二層就要用更深的顏色才能壓過去。

step 05

畫出亮暗與紋理層次

　　等第一層的顏料乾了再上第二
層，第二層的面積一定會比第一
層少，用色以第一層的底色為依
據。用些許的群青加鎘紅畫遮雨
棚陰影處；二樓裡面的暗部用群
青加些許的佩尼灰，趁顏料未乾
時混入淺鎘橙，做出從裡面亮出
來的燈光效果；用焦茶色畫一樓
木板的紋理，顏料未乾時，用指
甲刮出留白。

step 06

陰影和植物

　　陰影只要用藍色系的冷色調就
會有很好的效果。植物要用不一
樣的綠色來區分型態，用淺鎘橙
加樹綠直接在紙上混色，畫出來
就會有黃有綠，層次豐富，並趁
顏色未乾，加些許的群青做陰
影。最後用牛奶筆提亮反光處。

心宜草堂

step 01

畫之前先構圖

這張圖的植物是重點。主建築物的樓層很高，畫的時候我設定只畫到二樓就好，並保留右側的電線桿和只露出一半的汽車。

step 02

分上下畫出線稿

左右建築都分上下層來畫，二樓的攀藤植物依外型隨意勾出律動線條，有弧度的鐵棚子要細心畫；一樓盆栽要畫出不同的形狀，來表示不同的植物類型。電線桿和汽車我都沒有全部畫完，選擇放掉不畫。

TIP：左側的小木攤我畫得有點矮小，怎麼辦？如果你對畫面的精準度很在意，那就重畫一張吧！不過速寫著重好玩開心，其實無需太在意，後續再合理化就好。

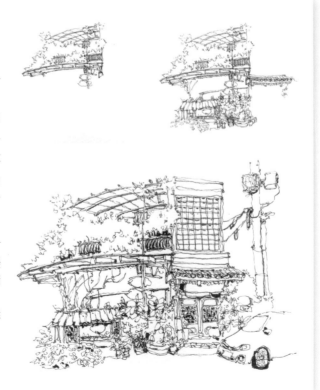

step 03

冷色系畫陰影

　　我喜歡用偏冷的色系來畫陰影，例如群青加佩尼灰。記得不要一次就把顏色塗得太深，要從淺到深，一層一層慢慢堆疊出層次。

TIP：上完陰影後，發現底部有點虛，所以我就把車子完整地畫出來。當你發現需要調整時，可以即時補畫修改。

step 04

為植物上色

　　為了表現不同的植物類型，我用了一些不同的混色組合來畫植物的綠色，組合有：樹綠加鎘黃、樹綠加永固深黃(此為Holbein水彩色)、樹綠加少許焦茶和鎘黃、碧綠加鎘黃。有些地方還會適當加一些群青，做出偏暗的效果。

step 05

畫出暖色的部分

先用焦茶加淺鎘橙，塗右側的木門和石猴雕像，再加入些許的群青塗左側的木板小攤，鎘紅加淺鎘橙用於紅色系上色，例如花盆、燈籠、門簾和車燈，若要畫得再紅一點，就再加一些鎘紅。

step 06

調整強化明暗

最後調整陰影的明暗度，加深最暗的陰影部分，並用牛奶筆畫出亮白的部分，如二樓的窗框線條，用筆的側峰輕輕劃過就好，不用連貫沒關係，有斷墨飛白的效果會更自然喔！

嘉義中山圓環

step 01

畫之前先構圖

　　以此景為例，這是一個漂亮的V字型構圖。取捨畫面時，因為考慮到中山圓環的特色就是中間KANO投手吳明捷的雕像，所以我決定不要全畫，只取中間的部分(框起的範圍)，以雕像為主角。

step 02

定出整體比例的基準

　　以雕像為比例的基準，從上往下畫。另外，不要把雕像畫在畫面的正中間，請看我把它畫在畫面上偏左一點點的位置，這樣會比較有趣味性。

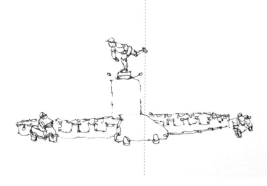

TIP：記得不要畫出斷斷續續的線，要一氣呵成，畫出連續性且生動、有律動感的線條。

建築的高度和比例

因我設定右邊的綠色建築為畫面另一重點，所以先從它開始畫。以雕像的頭部為基準點，先畫出中間樓層，再往下畫出樓下的店面，最後往上畫直到完成整棟。其他建物約略描繪即可。

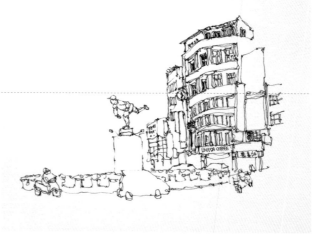

TIP：這裡要注意，店面內部的結構、物品就不需要花時間去畫了，只要以建物本身為主。

完成線稿

一樣以雕像頭部為基準，畫出左邊的建物和大型招牌，同上一步驟的方式，需要一點耐心就是了！接下來用墨筆或是Brush Pen(我用的是櫻花牌)畫出影子最深黑的部分，以點、線、面的概念來做。適當就好，不要過度，不然畫面上會有太多深黑色。

step 05

將影子上色

先從影子開始上色。因為只要畫好陰影，畫面的立體感就會呈現出來了！少許的佩尼灰為底色，加入一點點群青，為陰影的中間調；在暗部偏亮的地方慢慢加入些許的焦茶色，讓冷調的暗部帶有一些暖色系。

TIP：建議上色順序和畫線稿時的順序一樣，從雕像開始，再來是右邊建築，最後畫左邊。

step 06

畫出暖色的部分

以鎘黃為底色，加入些許的淺鎘橙，調出一個黃橙色的暖色，上在畫面中金黃色的部分，可以先從雕像開始。上完後，再加入鎘紅調出淺咖啡色，塗右邊建築的二、三樓外面。

TIP：上色時，不要將每一個面全部都上滿，做些留白效果，讓每個面都有呼吸的空間，畫面才不會呆板。

step 07

用疊色做出層次

接下來依序上色每個部分。每一個面在處理上色時，記得要做出顏色的層次，方法就是從淺到深去疊色。招牌上面可以留下一些不規則的空白，製造出中空字的效果，這樣畫面就會有趣得多。

step 08

將前景上色

前景有人物、地面和天空。人物用一些活潑的亮色就可以；地面用佩尼灰調出淡灰色，路面中間的白線要留白，再用鎘紅畫出地面邊緣的圓弧紅線；天空先用鈷藍色從上方一筆塗

過，水彩筆洗乾淨，保留些水分，在剛剛塗的鈷藍色上，慢慢地從上而下，橫向刷出漸層。最後寫上地名、主題，並簽名蓋印就完成了！

Jun手感作物

37

註：此景為 Jun 在枝椏二樓的展售空間，非工作室。

step 01

輕畫線稿定位

　　來玩點不一樣的，邊
畫邊上色吧！這張的
主線條是用鉛筆或自
動筆畫的(我使用2B，
0.9mm的自動筆)。首
先輕輕地畫出各個物件
的大概位置，以這一張
圖來説，我的習慣會從
上往下畫，記得打稿時
下筆不要太用力。

step 02

上色植物和打字機

　　首先畫植物葉子和打字
機。用鎘黃加少許的樹綠先
上植物的底色，顏料未乾前
加入少許的樹綠和天藍色做
出植物的層次，接著用天藍
和佩尼灰上色打字機。同一
個灰色繼續塗下方的木箱，
並加入淺鎘橙混色。用鉛筆
畫出第一個木箱的線條。

step 03

上色主要的箱子

　　每畫完一個箱子的顏色後，再畫下一個箱子的線條。第二個箱子用佩尼灰、群青、淺鎘橙在紙上混色畫出；第三個箱子底色用少許的紅紫色，上色與第二個箱子相同；第四個箱子底色用天藍和少許的樹綠在紙上混色畫出。上色從淺到深，顏料未乾時，可用刮刀或指甲刮出白線。

step 04

畫出枯枝和花

　　調些淺鎘橙，用灑點方式來做枯枝植物的花，在底部的枝條處加入深群青，趁顏料未乾，用鉛筆畫出枯枝線條，鉛筆的鉛粉會與橙色混合出橙灰色。繼續灑入深色的淺鎘橙和群青，然後趁顏料未乾，用鉛筆畫線，重複加深直到完成。

畫上欄杆平衡畫面

　　塗上各物件的固有底色並做出陰影層次。陰影用佩尼灰加群青。另外，右下角的欄杆是用來平衡落地窗的高度，也增加趣味，所以不需要全畫出來，主色用深佩尼灰加群青，再用淺鎘橙畫出檯燈照過來的兩道光線。

完成檯燈與牆壁

　　檯燈是另一主要的光源(暖色系)，用淺鎘橙和少許的鎘黃混色塗上。牆壁上一些淺淺的灰色就好，右下角的牆壁陰影加一些暖色的淺鎘橙來呼應檯燈的光感，最後灑上淡色的灰就完工了！

TIP：為了畫面的平衡，頂端的手工編織燈我選擇不畫。

公明路街道

step 01

畫之前先構圖

這是一個X字型的構圖，
先用0.2的代針筆輕輕畫線
打稿，接下來只要順著方
向，以「近大遠小」的透
視原則慢慢地完成。

step 02

以電線桿作比例尺

先畫出電線桿作為比例
尺，然後從上往下，由左
至右延伸。只要畫出重
點，比如前方的小攤商、
招牌和中景的人群，越往
後層的背景，細節就越
少，不用過多著墨。路中
央的機車滿有趣的，也畫
進去吧！

step 03

畫出地標招牌

同上一個步驟，右側前方的水果攤細節可以多畫些。另外，華南碗粿的招牌要記得畫上去，和左側的振華都屬於地標，讓觀者看出畫的地方。

嘉義市 公明路

step 04

為陰影上色

這個場景上色我採用簡單的方式，不做太複雜的混色和疊色。陰影部分一樣用了群青作主色調，在調色上加入一點點的佩尼灰。

嘉義市 公明路

step 05

天空與黃綠色部分

上完陰影後，我利用剩下
的顏色再加入一點點的群青
來畫天空。

選用鎘黃塗黃色調的部
分，先上一層基調，顏料未
乾時，適當混入淺鎘橙做出
漸層效果。以現有的黃色混
入樹綠，為綠色調的植物上
一層底色，趁顏料未乾時，
隨意點入些許的樹綠豐富層次。

step 06

紅藍色與明暗整理

接著畫紅色系，用不同的紅
色點出不同層次的紅，例如紫
紅、橘紅都可以，藍色系也是
一樣的處理方式。最後再調整
一次陰影的明暗度，讓層次更
鮮明，明暗只要用群青加更多
的佩尼灰就可以達成了。

市場街屋

Zhongxiao Rd. Lanjing ct

step 01

畫之前先構圖

　　這是一張兩點透視的圖，兩邊的房子從中間往後延伸直到消失點，考慮到這一點，我會習慣從中間的房子，也就是主要的建築開始畫，然後再向左或是向右延伸。

step 02

從屋頂開始

　　首先從屋頂開始畫，屋頂的線條不要畫得太整齊或完整，尤其是屋瓦，不必畫太多細節，多利用律動的線條表現趣味感，然後往下延伸。

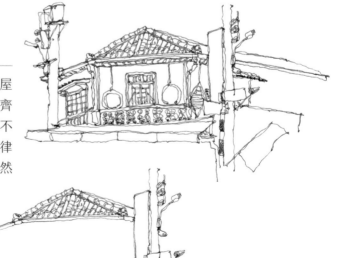

step 03

注意線條動感

依序從左側的擺設和人物點景畫到右側，鋼筆的墨線才不會被手擦到而暈開。畫機車時，可以多用連續性的線條，畫面會更有趣。

TIP：人物的腳和機車的輪胎我都沒有完整呈現，這正是速寫好玩的地方，畫面不需強求完整性，反而能製造趣味。

step 04

主體大面積上色

依序塗上大面積的色塊，如綠色遮雨棚、黃色招牌和紅色遮雨棚，我用了樹綠、鎘黃和鎘紅。二樓木板用天藍混合少許的樹綠，先塗一層底色，再加入天藍和樹綠做出深淺不同的層次。屋簷底下的暗部用群青加鎘紅，並用焦茶色灑一些髒點在中間木板上。

做出自然的漸層

　　人物的腳和機車底部，
我使用群青加鎘紅色隨性
地壓出色塊，接著將水彩
筆洗乾淨，在一些地方刷
一層清水，讓顏料隨著清
水暈出自然的漸層效果。
室內的暗部則用了群青加
少許的鎘紅處理。

耐心完成細節

　　寫上銀樓的名字，紅色
的旗子用中空字的寫法慢
慢刻出。二樓木板用群青
畫上紋理。

　　背景的房子不是重點，所以不用畫得特別明顯，調
出淡淡的群青畫上淡彩就好。最後畫上電線，並用牛
奶筆增加最亮部的細節。

崇陽古道

step 01

畫之前先構圖

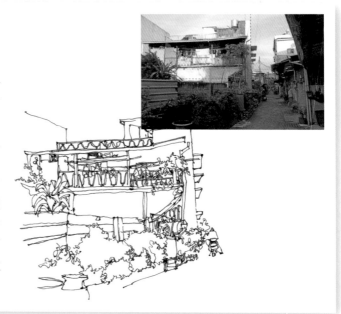

　　畫之前，先分析景的結構。這張的線稿我用了鋼筆，配合較淺的墨水來畫。先從畫面左側開始，畫出主建築物的垂直線和一、二樓的分界線，處理完建築物後再往前畫植物的線條，要注意，此畫面的透視是從近到遠，由大到小的關係。

step 02

完成線稿

　　和前一步驟的處理方式一樣，記得要有耐心，細心留意透視的線條以及遠近大小的關係，再逐一填補細節，如此線稿就完成了。

暗面上色

　　建築物的藍色系我用
了佩尼灰加群青，下半
部的陰影部分略微加入
一些紫色。由於前面兩
者的用色偏冷色系，所
以路面用了一些焦茶
色帶出溫暖的色調，中
和畫面過冷的顏色。另
外，右邊的牆壁也帶了
暖調，用的是淺鎘橙。

植物上色

　　再來處理植物，我習
慣先上黃色，然後混入
樹綠色做出中間色的綠
色調，植物的暗部則加
入群青，畫出深綠色。

step 05

個別元素上色

接下來很簡單，只要塗上每個元素的固有色就可以了，但如果要讓每個元素的顏色都有層次的話，就要記得在上色時，必須做出深淺不同的混色或逐次漸漸疊色。

step 06

畫天空和雲朵

畫天空時，先把要上色的地方用清水刷過一遍，記得水分要多一些，因為紙張本身會吸水，如果水分不夠的話會太乾，接下來就沒辦法畫出雲朵了。水刷好

後，調出想要的天空顏色，然後由上往下塗上，顏色上好之後要等待一下，觀察塗的顏色有沒有被紙張吸收，接著，在紙張仍然處於濕的狀態時，用面紙按壓出雲的形狀。最後加強整體暗面的細節，寫上標題、簽名、蓋印章就完成了。

阿里山森林鐵路公園

阿里山鐵路車庫園區

step 01

畫之前先構圖

先打底稿，畫這張圖時，我會先以線條標示出出火車的動線、黃色建築物的垂直線，還有前方樹叢由前往後延伸的動線。

step 02

左側建築與人物

從左側的小木屋開始。先畫屋簷，以此分出上下。接下來沿著底稿上標示的中間動線畫出人物，這裡要留心人物的大小比例，重點是人頭都在視頻線上，所以可先畫出人頭，再往下畫身體和腳。

描繪小火車

　　小火車是重點，一樣
先從左畫到右邊，輪子
底下的零件是比較不好
畫的部分，不過整體畫
面才是重點，不必太過
強調細節，所以無需畫
到很仔細，看不太清楚
的地方就不要刻畫，只
要以形狀的概念繞出好
看的線條即可。

描繪背景

　　最後畫出後方黃色的
修理廠，依照前景拿捏
比例。右側的樹木則點
綴性畫出一些葉子，穿
插具體和抽象的線條。

step 05

從暗面開始上色

先從暗面開始上色，用佩尼灰、群青和焦茶色，三色混合使用。

step 06

黃色與木質處理

暗面處理好之後，先從黃色系的顏色開始。首先用鎘黃加少許的淺鎘橙來塗後面的黃色建築物，然後再多加一些鎘橙和焦茶色，畫出檜木的車廂。加入更多的焦茶色，塗最深的左側小木屋和右側交通號誌燈柱。

慢慢加深植物層次

繼續使用前一步驟剩
下的黃色，先塗植物上
方最亮的地方(亮面)。
接著加入樹綠色，往下
漸次畫出植物的層次，
植物下方偏暗的地方可
適當地加入群青，使植
物暗面的綠色沉一點，
綠色調的層次也會更加
豐富喔！

用灑點方式畫植物

在最右側的植物上，我
用了灑點的方式好讓葉子
的形狀看起來更自然，灑
的時候也可以適當地加入
一點點群青或鎘黃，甚至
是樹綠色，不同的色點讓
畫面顯得更真實，也增添
了動態感。

step 09

鮮明的主角

———

　再來是阿里山小火車的部分，我用了鎘紅、淺鎘橙和暗紅來做混色。這樣的調色可以讓紅色的部分看起來比較有層次、不呆板。至於車身上的白線，就直接用留白的方式來呈現，凸顯對比。

step 10

強化人物和地面

———

　最後是人物，個別上色，並用同樣的方式來處理細節和層次，加強亮暗面，突顯出人物的立體感。此外，我用扁筆在地面上加入一些不同的筆觸和色塊，主要是讓畫面看起來更加地活潑。

嘉義公明路

早食間。市場溜達一圈

圍繞著熱鬧的東市場，眾多攤販齊聚一堂，簡直像一個超級大灶咖，他們所端出的都是在地特色美食，手藝之好，長久擄獲了幾代嘉義人的胃。

嘉義城隍廟
全台唯一御匾

嘉義市東區吳鳳北路 168 號
06:00-22:00

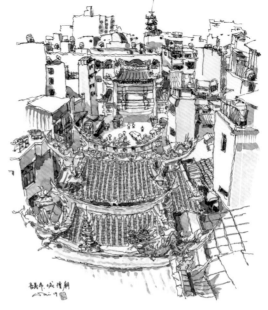

各地的城隍爺猶如該城的守護神，嘉義的城隍廟始建於1715年(康熙54年)，已有三百年的歷史。乾隆年間再度重修，現在的街屋式廟宇主體，仍是當時泉州溪底派匠師王錦木重建的樣貌，以工字型分為三川殿、拜亭、正殿、後殿四大部分，整體氣勢恢弘，內部木雕藝術精湛，且拜殿之八卦藻井、正殿的步口、次間的看架斗栱，全是沒用上一釘一鐵的榫卯工藝。

廟內至今仍保存許多清朝時期的碑匾，包括全台城隍廟唯一獲皇帝賜匾的

「臺洋顯佑」匾額。拜殿水車堵左右兩面的交趾陶作品是陳專友與林添木兩位大師競技之作，門神彩繪為名匠陳玉峰大師作品，舉凡神像、雕刻、彩繪均為上乘之作，可謂嘉義重要的文化資產。

Chiayi Eastern
Traditional Market

東市場
找到經典菜色的地方

嘉義市東區忠孝路光彩街
06:30–18:00

有廟就有美食的法則，在台灣各地幾乎都適用，城隍廟為嘉義最重要的廟宇，周區早在清朝時就開始聚集成市，自然成為嘉義的重量級市場，單是東市場與市場外共和路的攤販連結起來就約有五百多攤，是南田批發市場(P.13)之外最熱鬧的傳統市場。

日治時期為了改善市場衛生，興建了東、西兩座市場，東市場屬於嘉義在地人的市場，西市場則是高級人的市場。親民的東市場建於1914年，以檜木打造

的挑高建築，但後來不幸經歷地震、火災、戰爭多次受損，1987年以半檜木、半水泥的方式重建。由於這裡是山上蔬果運輸到山下的首站，重建的三層樓建築上，原本還為這些到嘉義辦事者設了方便宿泊的旅社，現在雖已拆掉，樓上部分地面仍留有之前的彩磚。

嘉義東市場

王家牛雜

06:00-13:00，週一休息

王家牛雜是傳承四代的市場美食，食材講究，均為嘉義朴子產地直送，分切處理後，經過冷、熱水反覆清洗好幾次，才放入乳白色的大骨湯鍋內燉煮，鍋裡林林總總共有七種：牛筋、牛肝、牛腰、牛肚、牛雜、牛心、牛肉。除了牛筋較貴之外，其他牛雜為均一價，老顧客總會點碗牛骨湯熬煮的牛雜湯或牛筋湯配白飯。

袁家米糕

06:00-14:00，週二休息

1948年開業至今，灶攤上放著傳統竹製大籠床，炊煙裊裊，彷如走進阿嬤家的灶咖。袁家的米糕為高湯與肉燥、香菇、生糯米濕蒸而成，糯米較能吸收滷肉的香氣，口感也較軟，好入口；且袁家米糕蒸煮得宜，咀嚼時軟而不爛，仍可嘗到迷人的米香氣。來嘉義吃米糕，也可跟當地人一樣淋上紅麴調製的粉紅醬。

一旁的大油鍋，炸著裹上地瓜粉的排骨，吃米糕時可點一碗排骨酥湯或苦瓜排骨，米糕搭配這一味清香的湯頭，最是對味。許多在地人還會騎著摩托車停在攤位前，買包剛起鍋的排骨酥，買回家煮菜頭湯剛剛好。

魯菜熟肉

08:00-16:30

袁家米糕對面還有間人氣甜湯店「國棟湯圓」(06:30-14:30)，招牌餐點為米糕上面撒著大量花生粉的甜米糕，入口是滿口米香與花生香的幸福感。

豬腸、豬肚、脆肉(豬乳房)、豬心、豬肺等各種內臟，分門別類整齊地擺放在這市場內八十年的老攤位上。可點碗魯肉飯和四神湯，搭配檯面上的各種魯熟肉、涼菜，特別推薦加了蟹黃、魚漿的黃金高(蟳糕)，以及灌入紅麴的粉腸、膠狀的鹹粉粿、豬肺粿和米血糕，多是南部特有的小吃。

古早味飲料攤(楊桃冰)

07:30–17:30

　　魯熟肉攤旁低調的古早味飲料攤，已有90年的歷史，自1922年營業至今，目前由第四代掌門人繼續販售獨特的楊桃七喜汽水與洛神雪碧汽水等古早味冷飲，受到好幾代嘉義人的喜愛。在市場吃完飯後，來杯水果汽水最是爽口。

蕭家春捲

06:00–13:00

　　市場內的排隊春捲攤，嘉義春捲的餡料與其他地方不同的是，還包了油麵增加飽足感。手不停歇的老闆豪邁地包進各種清爽的蔬菜、滷肉、麵條、花生粉、糖粉(老闆加的量較多，可事先請老闆不加糖粉)，一口咬下可同時吃到蔬菜的天然甜滋味和滷肉香。

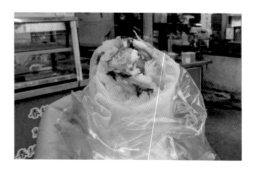

東市. 網絲肉捲

東市牛哥

06:00–13:00

　　牛哥是東市場的傳奇人物，每天騎著他的老摩托車，載滿玻璃罐裝的牛奶，沿街販售，還真是要有緣才買得到牛哥鮮乳。牛哥畢業於嘉農，自己養了好幾百頭牛，每天新鮮現擠。

東市牛哥

阿富網絲肉捲

位於往城隍廟方向的市場出口／
06:00–12:00，週一06:00–09:00

　　網絲肉捲是嘉義的特色美食之一，以豬的橫膈膜包捲，混合荸薺等蔬菜、豬肉、魚漿餡酥炸。阿富是少數仍堅持使用橫膈膜的古早味網絲肉捲，酥炸後油脂化開更增添風味，這種傳統作法已愈來愈少見。

東門圓環火婆煎粿
早餐瀰漫著粿香

嘉義市東區公明路 188 號
06:30-11:30

在東市場外，原本的東門在大地震後改為圓環，完工後，圓環上立了一尊尿尿小童，因此嘉義人喜歡以「尿尿小童」來稱呼這裡。

東門圓環可說是嘉義人的早餐區，繞著圓環走一圈可吃到煎粿、水煎包和雞肉飯等美食。其中火婆煎粿在此已營業了六十年之久，最著名的為油蔥粿，配上荷包蛋，讓蛋黃流鋪在煎得赤脆的粿上，是嘉義人最愛的早點之一。緊鄰著煎粿的是擺放著許多老式竹製蒸籠的炊粿店。

東門町派出所
見證日治生活軌跡

嘉義市東區公明路 236 號

1923年建造的東門町派出所，因位處東門町而得其名，一直延用至1987年才廢止，後改為東區聯合里辦公室所用。

當時的東門町派出所共有一棟辦公廳舍及兩棟宿舍，最初為紅磚造建築，1930年因地震受損後，改用檜木、杉木修建為日式屋頂、西式屋身的和洋混合木造建築。2017年開始修復工程，期間還挖到往昔望族庭院的遺跡與古文物，因此延宕至近期才修復完成。

Gongle Rd.
Sai 20

提娜多老診所咖啡
向生醫院
老屋結構處處有景

嘉義市東區公明路 167 號 / 08:00-18:00

東市場外有兩棟優雅的木造老建築，以往均為診療院所。其中一棟現在是提娜多咖啡，立面及窗框相當雅致，內部的格局更是有趣，店家妥善運用了診所原本的結構，改造得巧妙，不但有榻榻米的咖啡座席，木樓梯下的小空間也擺

了一張單人座，後側還有個可愛的小庭院，庭院周邊是一間間包廂式座位。不過當地人最愛的還是坐在亭仔下悠閒喝咖啡、聊天。提娜多咖啡品質優，價格合理，常來喝一杯也無傷，開業兩年來，累積了不少老客人。

對面規模較大的老建築是潘木枝醫師所創的向生醫院，潘醫師常免費為付不起醫療費的病人看診，因此備受鄉親敬重，嘉義人習慣稱這裡為「先生館」。潘醫師也是二二八事件中不幸被槍殺的犧牲者。後來向生醫院改為振華小兒科，現已歇業。

嘉義．提娜多咖啡

公明路 · 振華内兒科
Sai 20

向生醫院

【嘉其風物】

公明路250巷

　　提娜多老診所斜對面的小巷，是非常嘉義的巷弄型態。古老的木造平房與現代建築交錯而立，老製冰廠的招牌緊貼著牙醫齒模招牌，一點也不違和地構成嘉義巷弄風景。

劉里長火雞肉飯
熱門店家之一

嘉義市東區公明路 197 號
07:00-14:30、17:00-19:30，週一公休

　　嘉義著名的劉里長火雞肉飯，現址原為陳良鈃醫師所開設的再春診所。陳良鈃醫師來自較偏遠的梅山鄉，醫療資源缺乏，看病總得跋山涉水到市區，因此擔任教職期間，他將準備司法考試的志願改為醫師，後來如願回到家鄉擔任公醫。一直到梅山、奮起湖的醫療步上軌道後，他才到嘉義開設診所，並購置了嘉義市第一台救護車。75歲退休後歸隱山林，診所轉手給林外科。原本的木造建築已拆除，改建為目前所見的樣貌。林外科歇業後，改由劉里長火雞肉飯接手，成為最熱門的店家之一，假日常是大排長龍，米飯Q彈，火雞肉也鮮嫩。

〔 嘉其風物 〕

燕春錫器行

　　燕春錫器行是周萬老師傅於民國38年創立的老錫器店，最擅長的作品為作工細緻的「三仙裏雙龍」。老店內還售有嫁娶用的紅柑燈，具「添丁」的祝福之意。

嘉義市東區中正路288號

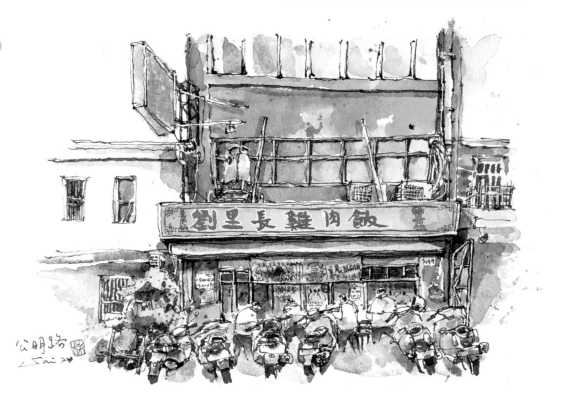

公明路

新陽春藥房
走進懷舊年代

嘉義市東區蘭井街 81 號
05:30–10:00

　　來自後壁菁寮的殷銘鐘先生，13歲便至中藥房當學徒，學成後自立門戶，1960年代買下蘭井街這棟原為旅社的兩層樓街屋。幾十個年頭過去，仍完整保留老屋的格局，店內的藥櫃都是一甲子以上的老古董，經過歲月洗禮的立面色彩，尤其雋永。

　　陽春藥局隔壁的三角窗老建築，則是華麗中帶著童趣，二樓陽台欄杆精緻的雕花裝飾，拱襯著中間木門，兩側各開一扇圓窗，彷如童顏蘋果臉的圓點。一樓店面則熱熱鬧鬧賣著蒜頭與甘蔗汁，可愛又古樸。

碳燒杏仁茶
古法煮的杏仁茶

嘉義市東區民族路 191 號
05:30–10:00

　　若要認真說這杏仁茶有多好喝呢，只能說我們品的是一種懷舊味。南門路邊零零散散放置著塑膠椅，老闆仍以火爐煮著加入北杏與米漿的杏仁茶。坐在矮凳緩心看阿伯熟練地濾掉蛋白，將蛋黃與鹽放入不鏽鋼杯中攪拌，再放上炭火爐煮杏仁茶，煮好後加點冷杏仁茶調溫，俐落完成一杯古早味十足的加蛋杏仁茶。推薦加點從東市場老店批來的油條，配杏仁茶吃。

嘉義・南門
碳燒杏仁茶

菜鴨魯熟肉（源滷肉飯）
胡瓜湯是定番搭配

嘉義市東區朝陽街 95 號
06:00-13:00

　　靠近崇陽古道有家無招牌的熱門魯熟肉，因第一代店家原本賣的是產卵的菜鴨，當地人習慣稱之為「菜鴨魯熟肉」。這是許多嘉義人從小吃到老的早、午餐老店，許多在地阿伯每天早上固定騎著摩托車到這裡報到，幾乎每人都會點上一碗滷肉飯，配一碗放了炸豬皮與肉絲的胡瓜湯：或煮碗魚湯，再切盤經濟實惠的涼菜，像是燙熟放涼的筍子、茄子、龍鬚菜都相當推薦。另還有各種豬舌、豬心、蟳粿等小菜。

嘉義 源滷肉飯
Jai

崇陽古道
古城處處有歷史

嘉義市東區和平路 161 巷

　　吃完菜鴨魯熟肉(源滷肉飯)，還可到附近的崇陽古道走走。南門圓環旁的「崇陽古道」長約450公尺，為清朝官吏進出城的主要道路，目前仍保留部分木造平房及隔壁巷的醬油工廠外牆。舊南門內街末端的「劉家古厝」，為日治時期罕見的三層樓巴洛克式洋房，當時作為榮華旅社所用，曾是嘉義市的地標之一。由於這區離東市場不遠，早上在古道上常可看到剛從市場採買完，回家途中的家庭煮夫(婦)。

涼麵四味果汁
珍貴稀有的四味

嘉義市西區信義路 48 號
08:00-20:00

嘉義夏季長而炎熱，涼水、果汁總是最受歡迎的。嘉義的古早味果汁為四味果汁(詳見P.13)，不過目前較常見的是三味果汁，位於信義路的涼麵四味果汁店，還賣著這香氣獨特的四味果汁，且店內仍保留一台大型的老果汁機，一次竟可打二十杯之多。

我更想推薦果汁店的嘉義涼麵，甜甜的美乃滋與香氣十足的芝麻醬混合，咀

嚼時又迸出蒜香味，平凡的麵食卻令人回味無窮，堪稱最具代表性的嘉義涼麵店之一！

早晨小姐 Good morning
自製歐式麵包很美味

嘉義市西區延平街 198 號／07:00–13:30，週三公休

　　若不想吃傳統早餐，那麼推薦延平街上的早晨小姐。早晨小姐位於枝椏選物店(P.108)的斜對面，同樣是優雅的兩層樓老屋，早餐提供自製的麵包，包括焙果、雜糧麵包、拖鞋麵包、法式棍子麵包……等，搭配炸雞、酪梨、培根等食材，為嘉義市區最受好評的西式早餐店之一。附近還有美味的阿文魚粥，另外，仁愛路上的桔吉力，同樣為嘉義的西式早餐名店。

早晨小姐
Good MORNING

光華路 · 姐妹魯肉

午食間。老店的經典調味

午餐吃經典：
特有的加了美乃滋的涼麵，是嘉義必嘗美食之一，各家
是有不同；雞肉飯也是如此，若詢問嘉義人哪家雞肉飯
好吃，那麼絕對會得到很多個第一名。調味是各自精
采，每家都有絕活，不必比出個高下。

碗粿南老攤車
不愧於歲月的好味道

嘉義市東區民權路 238 號
07:00－12:45，週一公休

　　紹偉畫完碗粿南的老攤車後直呼：「這真是家有故事性的小吃店！」老木頭攤車的豐富色彩顯然是經過歲月洗鍊。看到攤車的木頭把手時，一股莫名的感動油然而生，上面留有多少擺攤的辛勞啊！然而老闆面對歲月的流逝，一派地豁達，不記得餐車的歲數，好像也不記得那些曾流過的汗水。

純然米香的碗粿

口味清爽的米糕

　　這裡的餐點誠意十足，碗粿純然的米香與帶點中藥香的獨特醬料，滋味一絕，還可選擇要瘦肉或肥肉較多的碗粿。米糕的口感也不遑多讓，還可配上一碗酥香的排骨酥湯或旗魚湯。

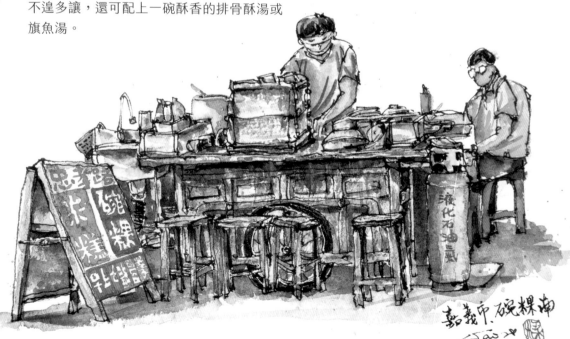

楊記水餃
滋補滿足的帝后湯

嘉義市東區民國路 172 號
11:00-14:00、17:00-20:00，週一公休

楊記水餃

大部分初訪楊記的客人一看到菜單時，或許會被價錢嚇一跳，但仔細詢問老闆楊潤成先生，才了解定這價錢，絕對是有原因的。光看店門口攤位區那鍋皇后湯，除了豪邁放進各種鳳梨、洋蔥等蔬果外，特別選用整大塊的優質三層肉熬煮，而不是一般常見的大骨。

想做就要做到最好的楊老闆，對於招牌雞湯更是花費多年心思，一次又一次調整、研發。目前的雞湯是第十六次改版的成品，單是一鍋湯就用了八隻雞燉煮，可真配得上「皇帝湯」這稱號。為了讓客人喝到最美味的雞湯，楊老闆還用心研究出喝雞湯的優雅方式，老闆端上雞湯時，記得抓緊時間詢問老闆如何品味這盅雞湯。

崇文錦魯麵
清甜爽口是嘉的滋味

嘉義市東區崇文街 107 號
10:30-18:30，週六公休

崇文錦魯麵

Saizo

　　嘉義特有加了美乃滋的涼麵，也是拜訪嘉義必嘗的美食之一。最知名的為黃家涼麵，而崇文國小後面的崇文錦魯麵，其涼麵也是嘉義人很愛的一味。崇文的涼麵先是豪邁加上一瓢麻醬醬汁，淋上嘉義人稱為「白醋」的美乃滋醬，一黑一白混合的濃稠醬汁，才駕馭得了嘉義涼麵所使用的寬麵，再與藏在寬麵條中的小黃瓜、蒜拌勻，這爽口清香，正是南國炎夏迫切需要的。

　　此外，這裡的錦魯麵、魯熟肉和涼菜也令人思思念念，錦魯羹麵裡的魚丸是純魚肉，羹湯裡有蔬菜的清甜味。原來崇文是民國45年開業至今、從一碗麵一元賣起的嘉義老店，難怪滿是在地人過來享用這裡的好滋味。

阿波鴨肉麵
兼顧口味與服務

嘉義市東區民國路 149 號
07:30–16:30，週三公休

阿波鴨肉麵創業於1991年，鴨肉是煙燻鴨肉，肉質的層次更為豐富。餐點包括鴨肉湯麵、鴨肉冬粉和鴨肉飯，另還可點熱炒類料理，品項豐富。湯麵是鴨骨熬煮的湯頭，帶著淡淡的藥膳味。乾麵則是加上粉紅甜辣醬的特調口味，鴨肉飯還會淋上香噴噴的鴨油，推薦加點一顆半熟蛋放在飯上吃。

阿波雖然是小吃店，但待客誠意十足，客人一入座會先端上免費水果招待來客！

Xingzhong St.

大人味 日·印珈哩
以職人精神做料理

嘉義市東區成仁街 94 號
11:00–14:00、17:00–20:00，週六、日公休

　　大人味位於成仁老街上的一棟老屋，熱愛日本文化的老闆找到這棟老宅後，將之整修為溫馨的老咖哩店。看似簡單的咖哩飯，在個性嚴謹的老闆用心料理下，成了一道道暖入心田的佳餚。有烤羊肉咖哩(限量35份)、牛肋咖哩、炸雞咖哩……等，除了肉質優之外，主食都是現點現煮，火候掌控得宜，口感恰到好處。米飯則以薑黃、肉桂等香料調理，米粒的軟硬度完美，香料味又不搶米飯本身的香氣。

　　雖然大人味的價位在嘉義不算便宜，但食材與料理卻讓人覺得值得這個價錢。對於印度咖哩、烤餅有興趣者，則可考慮延平街上的盛食咖哩。

大人味

招牌烤羊排咖哩

老店的經典調味

大人味日.印咖哩

紅燒鴨肉麵
不賣飯，只賣麵

嘉義市東區光華路 30 號
10:00–16:00

只要向嘉義人提起這家店，大部分的人都會回答：「那是我從小吃到大的鴨肉麵。」這間存有許多嘉義人味覺記憶中的老麵攤，攤位上的老招牌清楚寫著「紅燒鴨肉麵」幾個紅色大字，也真的只賣麵、不賣飯。

乾麵、鴨肉、滷鴨翅都是老客人必點的菜色，另外還有其他鴨肉攤較少賣的鴨骨麵，融合鴨骨香熬煮米線，清爽好入口。

九代蔥油餅
台式小吃走氣質路線

嘉義市東區安樂街 54 號
11:30–20:30，週日公休

老闆陳文政先生是蔥油餅職人，也樂於寫詩、寫書法，軍職退休後，在安樂街營造一處吃著蔥油餅也可以很有氣質的空間。客人不但可在此吃到金黃香酥的蔥餅，還可欣賞店內的畫作、詩文。這裡的蔥油餅也較為獨特，薄麵皮桿好後包上鮮甜味足的北蔥，再捲成甜甜圈狀，如此較能均勻酥炸。除了蔥油餅外，這裡的皮蛋粥和菲力牛肉熬煮的滑蛋粥，也是在地人大讚的美味料理。

阿宏師火雞肉飯
特別推薦雞絲飯

嘉義市光華路108號（光華路與成仁街口）
10:00-20:00

　　詢問嘉義人哪家雞肉飯好吃，每個人心中的第一名火雞肉飯都不同，阿宏師算是採訪期間，獲得最多票的一家。與其他許多火雞肉飯店家比較起來，阿宏師相當年輕，剛搬到現在的位址，整體用餐環境乾淨清爽。

　　口感方面，除了米飯軟硬恰到好處，醬汁的比例也拿捏得好，雞絲飯的火雞肉質佳。不過阿明、阿樓師的火雞肉片飯就比自家的雞絲飯好吃，阿宏師剛好相反，比較推薦雞絲飯。

Guanghua Rd.

老院子
1951
LSai20

午後咖啡。浪漫的閒磕牙

老宅、返鄉之友、咖啡,為嘉義的午後風景定
了調。他們大多秉持著默默耕耘的精神,熱情
地為這座城市貢獻著美好。跟隨老街散策,也
能品嘗一輪傳統鹹點、鹹食。這裡有介於城市
與小鎮間,一種悠然的生活頻率,讓人慢慢地
心動,不急促。

33+V 咖啡
個性鮮明的咖啡與老闆

嘉義市東區義教東路 49 號
14:00-20:00，週二、三公休

開店時以當初的地址命名為「咖啡店33號」，搬到新址後改名為「33+V」，取台語的諧音「鬆鬆嘎逼店」。其中的V也因為店主是VESPA迷，常有車友騎著帥帥的偉士牌過來喝咖啡。

這裡的咖啡品質可是嘉義數一數二的，老闆自17歲便開始投入咖啡業，精研多年，26歲返鄉後開起咖啡館。目前店裡的豆子為世界各地精選來的莊園豆，其中包括阿里山鄒族園的限量豆，以及一些名字取得相當有趣的配方豆，價格雖比嘉義一般咖啡館高些，但確實各支豆子的個性分明，會是相當有趣的一趟咖啡之旅。33+V的專業度備受肯定，現在也有開設咖啡課程。

33號咖啡咖啡
Sai 20

Mimico Café 秘密客咖啡館
用心著墨空間與飲品

嘉義市東區興中街 200-1 號／ 10:00–22:00、週日 10:00–21:30

位於台灣花磚博物館不遠處的秘密客咖啡，是一棟別有洞天的老宅咖啡館。店主是一對返鄉青年，他們秉持著默默分享、潛心體驗的咖啡精神，為嘉義這個城市創造一個有無限可能的場域，並用心準備餐飲甜點，讓客人可以舒服地窩在這個空間。

餐飲中想特別介紹既有創意、又在地味十足的「咖啡想牛奶」，咖啡裡加了紅豆，並隨附一杯牛奶，讓客人自己調製紅豆咖啡牛奶，品嘗紅豆、咖啡、奶香結合後的每一口驚喜。

咖啡漫步
甜美詩意的理想歇息處

嘉義市東區興業東路 138 號
12:00–19:00，週六、日 11:00–19:00

　　咖啡漫步是霜空咖啡的一號店，八年多前港籍老闆跟隨老闆娘的腳步回到故鄉嘉義，尋覓理想的落腳處。室內設計出身的香港老闆與餐飲背景的老闆娘，找到這棟中油宿舍老宅後，將一樓整理為咖啡館。當時老闆娘年約25歲，因此在漫步的許多細節上，可感受到一股少女輕快、溫暖的氣息。雖然同樣以老闆擅長的枯枝、花草，以及多年慢慢收集來的老家具裝飾，但整體氣息與後來開設的霜空咖啡(P.95)還是不大相同。漫步的甜點與霜空相似，最大的不同是漫步提供輕食，咖啡則採用自家烘焙豆，義式咖啡相當有水準。

Come home cafe
Sai 20

卓武咖啡
阿里山精品咖啡

嘉義市西區民生北路 194 號
08:00-17:00

　　嘉義市就位於生產咖啡豆的阿里山腳下，市區的卓武咖啡是少數認真提供台灣咖啡豆的店家之一，原來店主許定燁的父親許峻榮，近二十年前便決定在阿里山南端的卓武山投入咖啡樹種植，經過多年的鑽研，終於讓自家咖啡豆獲得「國產精品咖啡豆評鑑」全國頭等獎。卓武山區日夜溫差大、露水多，適合咖啡豆生長，而且他們還採用獨家的「自

然農法168」，引入山溪活水發酵168小時，並讓均溫維持在2至8℃以下，接著日曬風乾果實，成就出層次豐富又順口的卓武咖啡。

　　第二代後來在嘉義市開設這家咖啡館，希望藉此推廣卓武咖啡，至今也已十多年。推薦他們自家農場生產的卓武1號、鐵皮卡、紫葉、藝妓等單品咖啡，二樓也是享用早午餐的好去處。

起風
奢華版台灣茶

嘉義市東區興業新村 40 號
13:00-21:00，週二、三公休

左圖：起風的茶器可說是完全打破傳統。右圖：四川燃麵是老闆家人的拿手菜，由於自己時不時就想吃上一碗，所以將燃麵列入菜單與來客分享。

　　起風與漫步咖啡同樣是中油老宿舍的獨棟白色老宅，主打商品卻是現代浪漫派台灣茶與四川燃麵、糯米腸。之所以命名為「起風」是因為整理這棟老宅期間，有天坐下來歇息時，剛好一陣風吹拂而過，有感而發地希望這個空間是「可以讓人暫時忘卻不愉快與煩惱，好好靜下心來喝杯茶，有活力了再出發。起風時，能給暖陽的地方。」

　　現址的屋主與起風創辦人一家是世交，有次兩家人結伴出遊，在一處美好的用餐地點時，大家一致覺得如果能開一家像這樣的餐廳該有多好。屋主阿伯突然想到嘉義市區這棟房子租約快到期，因緣際會之下，就這麼成就了起風這間店。

起風\The Wind Rises

創辦人是兄妹,妹妹是景觀設計出身,哥哥是室內設計背景,兩人努力讓這棟原已相當老舊的建築,成為優雅的空間,可說是圓了兩家人的夢。由於妹妹的先生是茶農,本身又有品茶專業人才認證,除了自家的阿里山茶外,還精選了滿州的港口茶、日月潭的紅玉與阿薩姆、杉林溪的金萱紅茶與翠玉、鹿野的紅烏龍等台灣各地好茶,並絞盡腦汁找到許多有趣的茶器,希望年輕人也願意進來接觸台灣好茶。不喝茶者可選擇漢方飲,是自家國術館的優良配方,珍珠奶茶的珍珠則是自家每天現做的。

內部不過度裝潢,讓人在此悠心品茶,難怪能迅速成為嘉義最熱門的茶館之一。

記得首次到起風時,剛開店就滿座,等餐時進來詢問座位的客人絡繹不絕,從店家耐心回應每一位客人的互動中,看到了服務的誠心。這裡絕不是一家網紅店,是真正可喝到好茶的另類茶館。

小口品 s
體會品咖啡的樂趣

嘉義市西區光彩街 453 號
13:00–21:00，週日公休

　　不善於言語的小口品老闆，自大學即著迷於咖啡，與學長共同創立咖啡社精研咖啡學。畢業後從咖啡攤車做起，實際操作，並不斷從客人的回饋中改進咖啡技術，逐步實現自己的咖啡夢，2014年終於在光彩街的老街巷裡，找到目前這個小空間，與夥伴共同以誠懇的態度待客，讓大部分客人一提到小口品s就說這是家有溫度的咖啡館。

　　最推薦小口品s所提供的單品咖啡，豆子都是自家烘焙，主要為淺焙與中焙豆，豆子烘得好，各自展現鮮明的調性，並用心準備了兩個不同口徑的小杯子，給客人更豐富的品咖啡樂趣。與咖啡壺兩小一大的形狀，似乎也呼應了咖啡館「小口品s」的名稱。

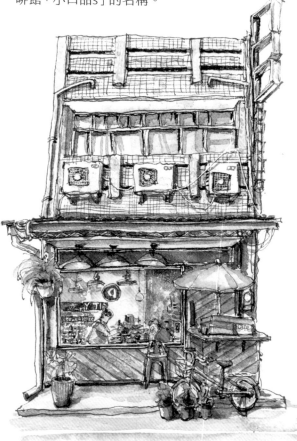

好 味 推 播

古早味日式甜點羊羹攤

　　位於光彩街與國華街口有個懷舊味十足的日式甜點攤，乍看以為這攤位是一般的車輪餅攤，仔細往攤裡看，架上擺滿了各式手作羊羹、銅鑼燒、紅豆丸、花豆丸、日式饅頭，真材實料又價實。羊羹單吃或許會覺得有點甜，但配上一杯茶，口感與心情都是剛剛好的滿足。

嘉義市西區國華街217號旁的光彩街街角
10:00–21:30，週一公休

霜空咖啡
純白甜點祕境

嘉義市西區國華街 132 號／13:00-20:00，週六、日 12:00-20:00，週四公休

霜空可謂嘉義最熱門的咖啡館之一，還未進店，即可先看到知名寫手「今晚我是手」書寫的「霜空珈琲」，淡雅細緻的風格，與霜空的氣質相呼應。

對於霜空最深刻的印象，應該是留白的藝術吧。除了塗白的外牆，內部設計採大面積木質地板，巧妙地以山上撿來的枝木花草點綴，桌與桌之間也留了比一般店面還多的空白距離。

霜空的Facebook專頁如是說：「霜空意旨秋冬的晴空，秋末冬初是自己在四季最能將步調緩下、靈感最豐沛也是氣溫最宜人的季節，這個季節也承載著許許多多美好的回憶。」空間淨雅之外，老闆娘所做的甜點更是令人驚豔，她會以當季的食材來做磅蛋糕、戚風蛋糕、乳酪蛋糕等甜點，高雅的口感與霜空的氣氛十分契合。

霜空咖啡

嘉義秘氏咖啡
跨時空返回昭和年代

嘉義市西區延平街 288 號
15:00-23:00，週日、一、二公休

秘氏咖啡團隊由台北1920年代上海租界時期風格的咖啡館起家，後來在台南老市場二樓開設了1960年代香港九龍城寨時期的南秘，在嘉義則找到這座老屋，慢慢整理成1960年代台灣日式街屋風格的咖啡館。讓人推開老木門，迎著搖曳的串珠門簾、老器物，彷如回到昭和時期的台灣民居中，享一縷風、品一盅茶。

招牌餐飲為酒香烤布丁、Kono咖啡，以及與咖啡館風格相符的抹茶。秘氏的咖啡除了自己烘焙的豆子外，也提供其他烘豆師的咖啡，讓客人有更豐富的選擇。

咱台灣人的冰
桂圓糖水風味冰

嘉義市東區蘭井街 249 號
12:40-20:30

國華街181巷連接忠義街63巷,這一條幾百公尺長的小巷弄,以往為嘉義人出西城門往台南府城的便道,因此稱為「府路巷」,府路巷旁就是陳澄波的故居,然而後來因路面拓寬及家族分地,最後僅剩十多坪。家族移至他處生活後,這裡成了小小的街角冰店,店內還掛著陳澄波的畫作。

冰品品項簡單,分為選放四種或六種料的大碗與小碗兩種,料豐味美外,糖水還特別以桂圓熬煮。畫家和家人的生活雖艱苦,但故居的冰店,卻賣著讓人吃了幸福感十足的蜜地瓜與冰品,延續陳澄波對藝術的甜蜜熱情。

對面還有家愈來愈少見的手工作灶,可以吃到柴燒灶火煮出的美味料理。

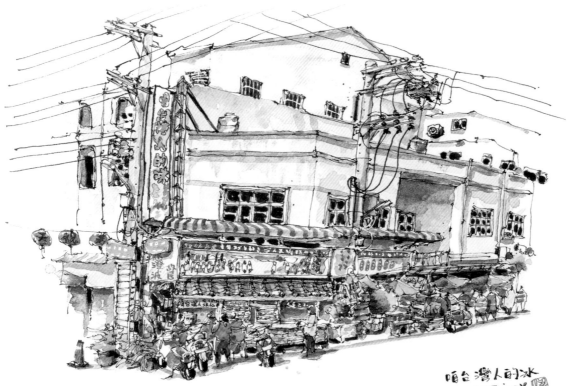

咱台灣人的冰

Bless 淺山房
山野間的浪漫生活

嘉義縣番路鄉第 10 鄰 7 之 1 號
13:30-21:30，週一、二、三公休

距離嘉義市區僅約半小時即可看到這樣的番路鄉美景。

　　素人藝術家發哥，可說是嘉義生活藝術圈的靈魂人物(應該類似里長伯的角色吧)，初期在嘉義中學附近開設Bless生活藝術小店(小花麵包店現址)，後來在番路鄉找到一塊地，花了三年的時間，從挖地基開始，利用回收建材蓋起一棟與自然完美結合的山中小屋。近年搬到距離嘉義市區僅約30分鐘的寧靜老屋「淺山房」，所在位置不算深山，但是個相當溫馨的山中聚落，附近山景迷人，也很值得繞繞。

淺山房

　　發哥最擅於運用信手捻來的生活小物裝飾。以絲瓜絡、線捲、洗衣板、路邊拖回的枯枝裝飾的淺山房，讓人一踏進去便能慢慢沉靜下來，享用一杯由畫家林士琪焙的好茶、野兔咖啡的直火咖啡，晚上甚至可在此享用簡單的家常蔬食，在院子裡躺著放空看星星。此外，店內也兼售阿桂的手作衣、野岸手作堅果醬、林士琪手作茶、花蓮的野兔咖啡。

幸福山丘
飄著烘焙香的桐花園

嘉義市東區東義路 566 巷 52-1 號 ／ 10:00-
18:00，週一、二公休／入園不須門票，餐廳
內每人低消 120 元

花旗木、桐花季開花時，園區附近也很值得逛逛，
但要慎防小黑蚊。

　　幸福山丘位於嘉義後山的圓林仔社
區，首次來訪時正值春季，一彎進這個
清幽的小社區，便見馬場、小徑裡怒放
的花旗木與桐花，繼續往園區走，地上
是浪漫的遊客撿拾白色桐花所擺出的心
型花圈。這裡取名為「幸福山丘」，真是
名符其實。

　　原本經營照相館的陸海鎮先生，看中
這裡的環境，買下這塊地作為退休養老
之處。後來因緣際會，與一位麵包師傅
合作，做出連有胃食道逆流的太太也適

合吃的麵包。以自己培養的酵母低溫長
時間發酵，並選用北海道的十勝四葉廠
鮮乳，低糖、低油、不添加化學品，一
週營業五天，每天推出不同的吐司與烘
焙品。一開始只賣麵包，後來才應客人
要求慢慢擴展，在布置得錯落有致的貨
櫃屋裡，提供美麗的甜點、飲品與餐點
(假日一位難求，強烈建議平日拜訪)。

嘉義 幸福山丘

見證嘉義歷史的西門噴水池

　　嘉義古城形如桃，而這桃的尾尖，就是現今的中央七彩噴水池，因此當地人習慣稱呼為「桃仔尾」。日治時代這區是一座中央有個小水池的美麗綠園，為嘉義市中心的主要商圈與地標，中間的雕像近年改為像老鷹展翅的Kano投手雕像。

　　陳澄波生前常在此繪畫，畫家張義雄就是小時經過此地時，看到陳澄波作畫情景而深受啟發的。目前在圓環邊的第一銀行(嘉義分行)前，可看到陳澄波的＜嘉義中央噴水池＞這幅畫的複製品，詩人向陽看了這幅畫，曾有感而發地寫道：「一九三三年你所勾勒出來的中央噴水池，溫暖的陽光灑過金黃色的土地，你的雙眼如此柔和，愛情隨著油彩一筆一筆吻遍了嘉義。」

　　中央噴水池還是嘉義這座民主聖地的重要政治舞台，當年二二八事件後，幾位覺青對嘉義市民疾呼：「嘉義豈無英雄豪傑，假如有真正勇敢的人，要站出來！」

　　此外，中央噴水池最有趣的一項習俗是選前決戰之夜，各方人馬匯集在此，各據一方彼此叫陣，成了嘉義獨特文化。下次選舉，不妨來噴水池看看嘉義人的熱情。

　　除了嚴肅的政治之外，噴水池周區其實也有不少美食：

新台灣餅舖

　　原來是日治時代的高級菓子店「日向屋」，也是嘉義首家甜餅舖，國民政府遷台後歇業。後來員工盧福在原址重新開店，改名為「新台灣餅舖」，保留原有的日式羊羹與饅頭。最著名的為大福餅，紅豆餡包入花生粉，外皮再裹上綠豆粉。第二

代老闆還研發出內夾奶油乳酪餡的「浮雪餅」。

嘉義市西區中山路294號／08:30-22:00

源興御香屋

　　嘉義最紅的搖搖茶店就屬源興御香屋了，這裡的葡萄柚綠茶儼然比圓環的雕像還要著名，茶湯內放了大量的柚子果肉與梅子，用料實在，比例拿捏得宜，調出獨特的口味。最推薦的點法是半糖少冰，最能讓葡萄柚的酸苦與綠茶的清香融合出最佳風味。

嘉義市西區中山路321號／10:00-20:00，週一、二公休

七彩冰果室

　　招牌冰飲為木瓜和蓮子湯，布丁則是每天鮮做的限量產品，還有南部特有的番茄切盤，最讓嘉義人念念不忘的便是番茄沾上薑與梅子粉特調的醬料。

嘉義市西區中山路329號／09:00-22:00

延平街米糕
見證日治生活軌跡

嘉義市西區國華街 96 號
16:00-19:00

講到溫陵媽廟(朝天宮媽祖廟)就會想到陳澄波的畫,以及廟前的米糕店,這家是許多嘉義在地人推薦的老店,每天下午開賣。這家的米糕與嘉義常見的筒仔米糕不同,比較類似台南米糕,但米粒的口感又略微不同,肉燥鹹甜度恰到好處,肉質又不會過老,難怪在地人如此推薦。

溫陵媽祖廟原本的建築雖已在二戰時炸毀,但廟內的媽祖神像,仍是泉州溫陵人渡海來台時帶過來的,因與北港媽祖有遶境往來,後來改名「朝天宮」。陳澄波就住這區,這區也是陳家的主要活動場所之一,廟前還放著陳澄波

延平街米糕。

的代表作＜溫陵媽祖廟＞複製畫。

吃完米糕可以到附近的壽成蛋行買蛋,這是少數仍遵照古法製作鹹蛋與皮蛋的商行(壽成蛋行:嘉義市西區廣寧街15號)。

羅山生炒鱔魚麵
見證日治生活軌跡

嘉義市東區延平街 270-1 號
15:00-20:00

嘉義另一家著名的炭火炒鱔魚麵,口味走鹹香路線,鱔魚肉切得豪氣,以炭火大火快炒,保留鮮嫩的肉質及迷人的鑊香氣,可搭配清香的青蛙湯或免費的柴魚湯。

羅山生炒鱔魚

zhongzhengRd.

午後咖啡 103 浪漫的開磕牙

嘉義藥局老建築
見證日治生活軌跡

嘉義市東區中正路 577 號

　　來自新港的藥劑師何寄生1920年遠赴日本求學，回國後舉家遷至嘉義開設藥局，1927年登記營業時，嘉義僅有五家藥局。

　　這棟優雅的兩層樓建築位於嘉義二通老街巷(中正路)，為戰後1952年所建，建築風格採昭和時期流行的裝飾藝術(Art Deco)，展現著輕快風格，中央山牆刻著主人家的姓氏。二樓轉角凹入的陽台設計，就好像中式的神明廳，再以西洋的圓柱象徵其神聖感。二樓內部空間則是「和洋並置」的日式格局，西式房間與和室並存。

林聰明

林聰明（振山眼科醫院）
字號響亮的砂鍋魚頭

嘉義市東區中正路 361 號
12:00–21:30

　　振山眼科為劉傳來醫師1926年自日本學成後回嘉義開設的眼科醫院，曾被譽為台灣私人眼科之冠。原本開在現址對面，美軍空襲後才搬過來。建築樣式為設有騎樓的街屋，共有三個店面寬，一樓為水泥結構，原本作為診療區，二樓為木造建築，原為生活起居空間。

　　嘉義除了火雞肉飯外，最著名的應屬林聰明砂鍋魚頭了。原本在振山眼科醫院騎樓下擺攤，眼科停業後，由林聰明砂鍋魚頭接手。

生炒螺肉攤
酪梨牛奶老攤
選吃老攤販就對了

15:00–22:45

　　位於文化路與蘭井街口的生炒螺肉，就只賣炒螺肉這道菜，讓客人搭配啤酒或冷飲，悠閒享受午後時光。吃完後可至文化路郵局前喝杯酪梨牛奶，這是文化路上的老攤位，一年四季在此供應濃醇香的酪梨牛奶及各式果汁。

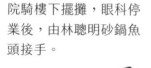

麻油雞飯
排長龍只為吃懷舊古早味

嘉義市西區中正路 383 號
17:30-22:00，週日公休

兩位年輕人開的人氣麻油雞飯攤車，開店總是大排長龍，原因無他，黑糯米麻油雞，肉嫩米香，讓人一吃就愛上。

阿娥豆漿豆花
口感軟綿，齒頰留香

文化路與延平路口
14:30-24:00，週六、日 13:30-24:00

阿娥豆漿豆花也是嘉義名店，最推薦花生豆漿豆花，花生煮得軟綿，豆漿的香氣與原本綿密的豆花融合，讓這款簡單的甜點呈現出更豐富的層次。

文化路獨家宵夜場

文化路還有個特殊文化，晚上店家關門，約莫晚上十一點後，就換成路邊熱炒店上場，阿信及珍珍是其中最著名的老字號。半夜肚子餓也有熱鬧的宵夜場，不妨來體驗看看。

阿信美食

熱鬧的熱炒店，從晚上十點賣到凌晨四點半，讓你在深夜也能吃到嘉義各種小吃，諸如雞肉飯(可加顆半熟蛋)、雞魯飯、鍋燒意麵、米糕、煎香腸(必吃)、蝦仁湯、粉腸豬血湯等。
嘉義市西區中正路426號／22:00-04:30

珍珍蚵仔煎海產粥

煎得赤赤的虱目魚、蚵仔煎、海鮮粥與鍋燒意麵，幾乎是每桌必點。
嘉義市東區文化路(阿霞火雞肉飯旁)／20:30-04:00、週日20:30-00:00，週二公休

阿霞火雞肉飯

位於文化路中段的阿霞，價格合理，也提供各種小菜，其中最推薦紅燒肉。火雞肉飯的肉質細緻度雖不如阿宏師，但口味也不錯，且是火雞肉飯中少數營業到宵夜時段的店家。
嘉義市東區文化路119號／18:45-01:45

阿樓師火雞肉飯
阿明火雞肉飯
雞肉片飯尤其好吃

阿樓師火雞肉飯：嘉義市東區吳鳳北路 102 號
／ 16:00–00:00
阿明火雞肉飯：嘉義市東區延平街 151 號／
10:00–14:00、17:00–20:30

吳鳳北路上的阿樓師是嘉義很受好評的火雞肉飯之一，火雞腿肉鮮嫩，因此雞肉片飯的口味比雞肉飯還要好，此外非常推薦放了小魚乾及不同豆腐熬煮的味噌湯。

就在阿樓師轉角巷內的阿明火雞肉飯，口味一點也不比阿樓師差，顧客幾乎都是在地人，同樣較推薦雞肉片飯，還有獨家的火雞肉咖哩飯。這家的涼菜，尤其是蔬菜類，味道爽口令人印象深刻。

Yanping St

枝椏
高質感選物令人嚮往

嘉義市東區延平街 215 號
14:00–20:30，週二、六公休

枝椏的老闆娘與先生自高雄移居嘉義
打拚，一開始在嘉義開設了一家火紅的
火鍋店，但有了孩子後，希望能兼顧家
庭，經過長時間深思後，先生開設了大
人味 日・印珈哩(P.82)，太太則決定開
設一家與自己興趣結合的選物店。

嘉義 枝椏

很幸運地在延平老街上找到這間廢置多年的老屋，整理後，將精心選擇的台、日好物擺進店裡，不但整體布置具美感，選物更是吸引人，實用之外，還美得令人愛不釋手。其中不乏台灣優質品牌，例如竹山的元泰竹藝社，年輕一代接手後，設計出符合時代潮流的竹製品，讓已幾近停擺的竹藝老匠人又有機會發揮才能，也成功以新設計獲得國內外市場的肯定。

二樓的小空間則留給嘉義在地品牌——Jun手感作物，Jun的手染與編織作品有種能夠勾勒出一片無垠想像空間的力量(P.141)！

這可愛的玻璃器皿竟是花盆自動給水器，店內好多這種美觀又實用的小物。

Dadala文具咖啡館
溫馨萌感小天地

嘉義市東區延平街 219 號
14:00-22:00，週三、週四公休

延平老街上的可愛小店，太太負責從各地選來絕對會讓文具控大聲尖叫的可愛文具，舉凡趣味性十足的貼紙、手帳、紙膠帶等等，小小的店面卻能讓人選得不亦樂乎。先生則負責外場咖啡餐飲，不是太忙時還喜歡跟客人聊聊天，理想中的咖啡館距離，不正是如此。

店內商品既有設計感，又兼具實用性。還有些老闆私藏的限量文具，甜點咖啡也很有水準。

DADALA

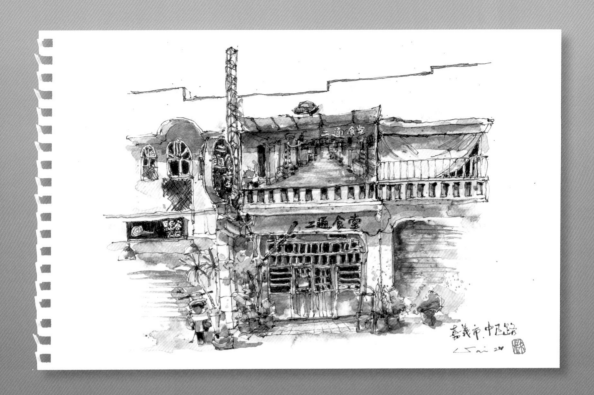

夜食間。多元美食糧倉

市區內一些餐廳，需要來客好整以暇地，慢慢享受用餐的過程，不論是店主對環境氛圍的營造、從店內滿溢出來的美食香氣，以及店家暖入人心的美好服務，在在顯出創新、誠意與講究，值得你細心品味一番。

茂生壽司屋
40 年人氣不墜

嘉義市西區新榮路 89 號
17:00-22:15，週二公休

嘉義最火紅的平價日本料理，小店雖然有點文青風，卻是當地阿伯經常光顧的食堂。原來茂生已開業四十多年，店名取自以小攤車起家的創辦人黃茂生。料理食材多是自家一手包辦，獨特的風味是外面吃不到的，因此累積許多老顧客。二代加入後，取得父親同意將店面改裝，開發新客源，原本擔心改裝後老客人會不習慣，沒想到大家對茂生感情之深，看到愈來愈多年輕人同坐在老攤子用餐，也覺得挺有趣的，讓現在的茂生，慢慢浮現出世代融合的美好畫面。雖然門旁掛的老攤車圖像讓人懷念，但目前這種新氣象，同樣令人心動。

罕見又費工的魚皮凍。

左：有機會坐吧台搖滾區，可向老闆詢問有什麼隱藏版壽司。／右：豪邁的厚片生魚片。

茂生大多使用在地食材，除了推薦菜單上的五味鮭魚皮、無菜單壽司及特製壽司外，也可以跟老闆聊聊，或許就能變出菜單上沒有的特殊料理，因為這原本就是一家沒有菜單的日本料理店。

阿吉鱔魚麵
高溫快炒保 Q 脆

嘉義市東區蘭井街 113 號／14:30-21:00，週六、日 11:30-14:00、15:30-21:00

嘉義的炭火快炒鱔魚，麵條不是台南慣用的意麵，而是油麵，因此比起乾炒鱔魚，更推薦料理成羹湯的鱔魚錦魯麵，大火炭炒充滿鑊香氣外，鱔魚脆度十足，調味剛好，不若台南口味甜。用餐時，還可搭配免費的柴魚湯。夏季來訪，可詢問老闆是否提供夏季限定的隱藏版菜色：炒鱔魚蛋和鱔魚蛋錦魯麵。

阿亮Q排
好吃得味蕾忘不掉

嘉義市西區中正路 652 號 ／ 11:00–12:30、
16:30–20:00，週日 16:30–20:00，週六公休

　　現已傳承到第三代的路邊美食，美味
的豬小排飯、虱目魚飯、鴨肉飯，讓人
吃過之後念念不忘。這簡單菜飯的魅
力，真是迷人！虱目魚已去刺處理，滷
得入味；鹽水鴨肉飯帶著淡淡的鹹味，
不蓋過原本的鴨肉香，足能讓人一面寫
著介紹文，一面吞口水想念它。阿亮開
店後客人總是絡繹不絕，晚上七點半，
許多菜就已售罄(街角的攤位晚上開張，
中餐則在旁邊的店面販售)。

東方葉全牛料理店
涮涮鮮嫩溫體牛

義市西區仁愛路 228 號
11:00~21:00

　　牛肉火鍋不只台南有，嘉義的東方葉
火鍋同樣使用台灣溫體牛，入店即可看
到櫥窗裡放著各個部位的牛肉切盤。而
店面設計走小清新路線，完全與一般牛
肉火鍋店不同。除了鍋類外，也提供各
種熱炒以及隱藏版的限量白切牛肉，不
吃牛的顧客則可點鮭魚或其他肉類的套
餐餐點。

Le Chat Noir 小黑貓
移植法式餐酒品味

嘉義市東區圳頭里林森東路 518 號／品酒會資訊需加入
品酒群組；用餐需前一天先預訂餐點：reurl.cc/WLGyVy

　　小黑貓的名稱取自1881年開幕的巴黎知名餐館，「這家餐館不但提供美食、美酒，還有各種表演，也是許多素人藝術家發跡之處。」來自法國的齊方斯先生(Christophe Chevance)，本身是畫家、裝置藝術師，也是修復師，曾為《鐘樓怪人》等舞台劇設計舞台，也曾參與修復羅浮宮、奧塞美術館等知名建築，法國名設計師卡爾拉格斐(Karl Lagerfeld)的個人圖書室也是他的作品。與太太Sunny定居嘉義後，除了繼續修復嘉義老屋，也開設了小黑貓餐館，希望打造一處嘉義的藝文中心，每個月都會舉辦不同主題的講座，並固定舉辦品酒會。

　　近期正積極修復蘭井街的一棟百年老宅，未來作為法國大提琴家的音樂中心，為嘉義再添一處亮眼的藝文場所。

小黑貓 Suize

心宜草堂
在中藥行吃養生餐

嘉義市東區民國路 159 號
11:00-14:00、17:00-20:00，週一公休

一樓的中藥店，以美麗的草編籃放著各式自家配的漢方茶飲、藥包、古早味零食，搭配木製老藥櫃，既保有傳統中藥店的古樸，還呈現出現代的清新氣質，有別於一般傳統中藥行。二樓則為中式風情十足的食堂，提供各種中藥熬煮的健康套餐，且套餐的上菜方式也略為不同，先是一盤爽口的沙拉，再來是水果，接著湯品、配菜、主菜，提供顧客另一種健康吃法，相當適合帶長輩用餐。這家低調的小食堂，用餐時間雖不至擁擠，但老顧客流不斷，週末建議先預約。

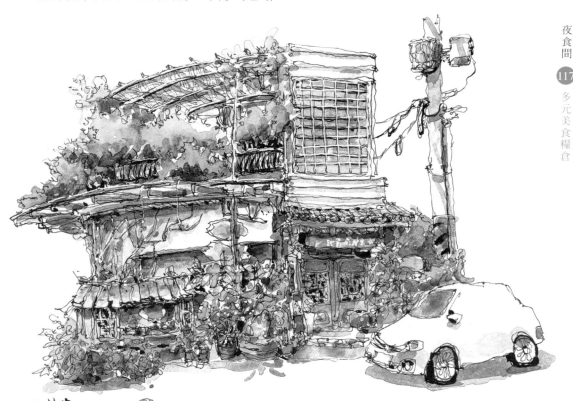

心宜草堂

大麦小麦日式酒食
道地日式酒食料理

嘉義市東區融和街 57 號
17:30–23:00，週一公休

　　來自北海道的日本老闆，原為台北知名餐廳的行政主廚，後來隨太太定居嘉義，開設了這家老屋改建的日本餐廳，內部氛圍日本味十足，口味則算是新式居酒屋料理，除了傳統下酒菜，如芥茉章魚涼菜外，還包括一些創新的菜餚，像是南蠻炸雞淋上豆腐塔塔醬、煙燻蘿蔔佐奶油乳酪，就連常見的可樂餅、關東煮與馬鈴薯沙拉，都硬是比一般店家的層次更豐富。此外透抽一夜干及店主研發的水果沙瓦也相當值得嘗試。

　　現在隔壁新開了一家小烘焙坊，附近的兩蛋甜品店也很有水準。

大麦小麦日式酒食

Xingzhong St.

走走。藝遊未盡

素有「畫都」之稱的嘉義，真的名不虛傳，
文人雅士輩出，且深耕於本地。
嘉義人何其幸運，許多前輩後進盡心經營藝文場域，
為嘉義注入無比的活力與朝氣。

文創園區散策

嘉義文化創意產業園區
與老酒廠設備創意共存

嘉義市西區中山路 616 號／ www.g9park.com

位於火車站旁的老酒廠，興建於1916年(大正5年)，原為高粱酒製造工廠，面積3.9公頃，其中包括七棟日治時期的歷史建築，如：中間試驗所、包裝工廠、鍋爐室等。

獲選為文化部發展的重點文創園區後，連53公尺高的鍋爐室煙囪也變身為園內的藝術地標，擔負起雲嘉地區在地產業創生的輔導角色，常舉辦講座與展覽。並廣邀嘉義地區的在地品牌入駐，鼓勵自創品牌到此創業。

園區內最有趣的是各個空間仍保留原本的酒瓶包裝機具，店家直接在這些機材間發揮創意，打造出具特色的店面。

進駐店家包羅萬象，包括各種手作藝術工作室、親子共創、室內與視覺設計(種種影像)、音樂表演藝術工作室(嘉頌重奏團)等。

勇氣書房
重拾紙本閱讀的愛

嘉義市西區中山路 616 號 K 棟 2 樓
13:00–20:00，週一、二公休

城市的閱讀風氣，是看不見的東西，卻是培養一個社會不可缺的人文素養，嘉義人何其幸運，有人願意認真經營這一塊。勇氣書房搬進文創園區前，書房主人希望能打造出從車水馬龍的陸橋上，看到遠方一處有燈光、有書香的溫暖空間，讓人在忙碌生活中有個靜下心的地方，沉浸於書籍的選閱，或者參加講座、手作活動，與不同的人在此相遇。店主期望「扮演人與書、人與人相遇的媒介，成為市民精神的糧倉和溝通交流的平台，和園區共同打造一個市民引以為傲的藝文場域。」

書房主人提到，剛搬進這原本為曬麴間的空蕩空間時，不知從何著手，在此發呆了幾天後，才有了想法，逐漸布置出各類別的書籍區、選物區、繪本區，以及可舒適地坐著交流的沙龍區。店內的植栽擺置令人心怡，最推薦平日午後來選書，當陽光灑進書店，會不自禁地跟著光線遊走於書叢間，再加上店主選書功力獨到，讓愛書人總想著再回來挖書。或者，也可坐在吧檯區點杯咖啡、享用甜點。選物區可買到在地品牌的產品，如Jun手感作物(P.141)與WZ (P.142)。

國王。蝴蝶。秘密基地
醇厚的獨饗時光

嘉義市西區中山路 616 號
13:00-19:00，週日 10:00-18:00，週一、二公休

嘉義最專業的咖啡館之一，老闆將原本溫馨的小咖啡館收了後，至各地旅行了很長一段時間，直到文創園區邀約才進駐園區，開起了新店。深紅色的牆面與垂掛而下的窗簾，簡單俐落地藉由原本的老廠房結構展現自我風格。店內還有豐富的書籍收藏、播放精選音樂，讓人盡情享受老廠房裡的咖啡時光。偶爾會舉辦交流會、與美術館合作展覽。

紹偉在店中速寫時，突發奇想以喝剩下的一點咖啡速寫上色。

122

嘉義市立美術館
嘉義首座古蹟美術館

嘉義市西區廣寧街 101 號
09:00-17:00，週一公休

素有「畫都」之稱的嘉義，真的名不虛傳，除了知名畫家外，許多小吃店、藥局老闆的藝術素養也高，收藏古物、藝術品的眼光獨到，這麼一座城市本身沒有美術館可以將珍貴的藝術作品完整呈現出來，著實可惜。在各方人士的努力下，屬於嘉義市的美術館終於誕生了。

美術館就位於火車站周區，所在位置為建於1936年臺灣總督府專賣局嘉義支局之辦公廳舍與菸酒倉庫這些歷史建築，為日治時期的建築師梅澤捨次郎之作，台南美術館一館、林百貨也是他的作品。內部空間最亮眼的設計為樓梯處的八邊稜角形柱頭與柱身，與日本軍略擴張中，天下一統的「八紘一宇」相互呼應。改建工程以最低限度進行，不破壞原本主體建築，並加入現代的環保元素，如外牆以大片木板遮擋陽光，維持室內溫度。

除了展覽空間外，也規劃了藝術商店、藝術書店、藝術教育空間等。

嘉義市立美術館

舊美好 生活器具 古道具
老物為美的存在而收

嘉義市西區西榮街 2 號
週日 13:00–18:00，目前只開放週日下午，平日可預約

由繁忙的垂楊路轉進安靜的西榮街上，有棟原本平凡無奇的老屋，店主找來專業的修復工班，扎扎實實地從清理朽木、重修土牆、上梁，花了兩年多的時間，終於重現這座令人讚嘆的老屋。店主本身是美術系水墨畫出身，從學生習繪靜物開始慢慢收藏老物件，這些老物件最獨特之處，除了樣式具雋永的藝術性外，還偏好日常生活可用的，例如老木凳就是要人們每天坐坐，木頭的色澤才會更迷人。他們認為物品最美之處在於人使用過的痕跡與時間留下的印記，

「喜歡老物不單是因為歲月而藏，更是為美的存在而覓，體現在生活中的美感。」除了販售老物外，也提供古物代尋與空間設計的服務。

來這裡莫急著拍照，不妨靜下心來欣賞二十多年來店主自台、日各處慢遊覓回的老物，或許你可以從擺設中，發現生活環境原來可以如此布置；也可以從老物看到職人的專注；亦或只是單純欣賞這棟老屋的結構、花草枯枝的姿態，靜靜感受這個空間所傳達的生活美學。

Green Wall Floral

綠藏工作室
Green Wall Floral
花童志業朵朵開

嘉義市東區蘭井街 6 號／平日不開放

　　這家巷弄裡的婚禮花藝工作室，難得是位男性主事的花藝店，店主陳昱心出身於傳統花店，人稱「花童」。這位有志氣的嘉義花店第二代，認為即使自己已經熟悉花店作業流程，仍要找到新方向，將之當作一份志業來用心發展。在台北工作期間潛心投入花藝之道，累積了十年經驗後，決定返回嘉義，打造一處絕不傳統的花藝工作室。

　　工作室位於一棟安靜的兩層樓老宅，整修時花童拿掉原本無趣的天花板，讓二樓的木地板展現自身的美麗質地，再擺上因緣際會取得的老家具、花草，並加入花童最注重的燈光設計，讓人一走進工作室，馬上感受到花藝師獨特的美感。

　　目前除了以婚禮花藝布置為主外，也不定期舉辦盆花、手綁花體驗課程，以及一系列的基礎訓練課程。

Antik 古物民宿
緣分從古物而生

嘉義市西區中央第一商場 39 號／寵物友善旅館，可透過粉絲專頁或 Airbnb 預訂，雙人房1,800 元起

嘉義早餐選擇多，因此不供早餐，改為提供免費下午茶，配上女主人烘烤的甜點。

　　民宿位於嘉義鬧區的中央第一商場內，這排老建築是嘉義第一代的水泥建築，也曾是嘉義成衣產業最繁盛的商圈。店主夫婦倆回到嘉義定居後，找到這棟老宅，他們新婚時不是度蜜月，而是全心投入老宅的整修、油漆工程！

　　由於兩人本身是古物迷，常與在竹北開設知名古物店的姊姊一起從歐洲帶回許多老物件，因此原本規劃在這裡開古物店，籌備期間常有朋友來住，又介紹其他朋友來，他們便順著生命之流，轉為古物民宿的經營方式。每年秋季還會舉辦古物交流會。

Antik Hostel

台灣花磚博物館
民初的珍貴紀念

嘉義市西區林森西路 282 號／10:00-17:30，
週一、二公休／門票 50 元，可抵館內百元以
上的商品消費

　　台灣花磚藝術最風行的時期為1915～
1935年，由於花磚主要用於家宅裝飾，
因此花樣多具吉祥的象徵意義，例如桃
子代表長壽、蘋果取其音有著「平安」
之意，石榴則是多子多孫。可惜大戰過
後便不再流行。所幸癡迷於花磚藝術的
徐嘉彬先生與志工團隊，二十年來在各

處老屋拆建之前，搶下了五千多片珍貴
的花磚。

　　花磚博物館這棟建築為1921年所建，
原為「德豐材木商行」，修復完成後，
作為花磚展覽館，讓人不但可入內觀賞
花磚藝術，還可欣賞優雅的老宅結構。
不過可能受限於老建築原本的空間，無
法一次展覽太多花磚收藏品，有機會聽
到現場導覽會較精采。

花磚博物館

島呼冊店
關注島民親近土地

嘉義市西區北興街 86 號
14:00–21:00，週一、二、三公休

對於嘉義不熟的遊客或許會覺得島呼冊店的位置有點偏僻，然而這區的所在位置相當有趣，這裡曾為三線鐵路——台鐵、森鐵、台糖五分車匯集的「北港車頭」。自從這座車站停駛後，北興街區便不再有太大的發展，因此走進這個街區，彷如墜入時光隧道。

島呼為「豆腐」的諧音，創辦人與負責人曾說：這個空間的誕生是來自島嶼的呼喚，也希望透過豆腐親近土地、用閱讀貼近邊緣。因此店裡的選書總是以關懷島民與萬物的聲音為主，每個月也會定出不同的主題來選書，常可挖出許多自己平常比較不會接觸的書籍。

島呼也希望大家能透過對於食材與閱讀的選擇，更關心自己的生活，因此

島呼冊店

書籍之外，也販售豆腐、豆漿、豆腐湯圓、豆奶茶，並兼售友善耕作的小農產品、茶葉、甚至布製衛生棉。

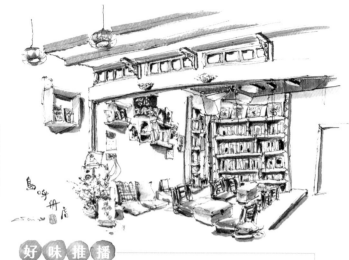

店內還很可愛的有著一區木村拓哉區，就連這區的選書也一點都不膚淺，有機會可跟老闆聊聊！

好 味 推 播

北興橋下的羊肉攤

　　位於北興橋下一棟木造黑色日式建築，每天中午開賣，賣完收攤，無招牌也這麼賣了五十年。除了必點的羊肉乾麵線、羊肉湯或羊雜湯、骨頭湯外，還有許多羊內臟料理，如肝連、羊肝、羊肺、羊腸、麻油腰子，都沒有什麼羊羶味。

嘉義市西區北興街35號／11:30-18:00

嘉義市北興街

嘉義公園散策

昭和十八 J18-
嘉義市史蹟資料館
縮影台灣近代史

嘉義市東區公園街 42 號／08:00-17:00，週一公休／門票 50 元，可抵館內消費

走進嘉義公園，深覺嘉義人真幸福，市區就有座林木蒼翠的樹木園，園內除了著名的射日塔外，還保留日治昭和十八年(西元1943年)建造的神社附屬齋館與社務所、手水舍。

沿著兩旁立著具除魔神力的狛犬(也稱為胡麻犬或高麗犬)，以及幾株近百年的黑松走向神社遺址(現今的射日塔)，神社已不復存在，所幸旁邊建築樣式優美的齋館與社務所兩聯棟保留仍算完整。齋館原為舉行祭典時，祭主以下的神職人員淨心之處，社務所則是神職管理人員處理庶務的地方。

內部規劃為昭和十八建築常設展區、特展區、嘉義小學館、和服體驗區、餐飲商品區。古蹟內雖無法用火，餐飲

仍相當用心地選擇了在地食材，如
雲林口湖蒲燒鯛魚腹、無米樂的米
飯、嘉義60年老豆腐店的豆腐等，
為市區內享用早午餐的好地方。

神社外左側有棟小巧精緻的建築，此為存放神輿
的倉庫祭器庫（神輿庫），為混凝土造瓦茸建築，
屋頂採「入母屋流造」的形式。

〔 嘉其風物 〕

樹木園

　　逛完昭和十八，相當推薦往射日塔側面(面向射日塔左側)的樹木園走。樹木園創建於明
治41年(1908)，占地約8.6公頃，原為橡膠的苗木生產與試驗地，後改為熱帶經濟樹種之
栽植試驗區，引進許多樹種，包括印度紫壇、黑板樹、桃花心木等。嘉義公園位於丘陵
地，園內還保留原有的小溪，孕育著園內的林木，不需上山即可盡情森呼吸。

嘉義市樹木園

嘉義製材所
見證輝煌的木業時代

嘉義市東區林森西路 4 號
09:00-17:00，週一、二公休

在日本明治時期，日人發現阿里山坐擁豐富的林木資源，私人公司開始伐木事業，後來因資金短缺而收歸官營。1914年完工的嘉義製材所為當時的「東洋第一製材所」，擁有西方最先進的設施與技術，能將阿里山上砍伐下來的木頭加工成具有經濟價值的「木材」。直到1963年停止筏木，這繁盛的林木事業才正式畫下句點，也因此留下北門驛、營林俱樂部、林場宿舍及嘉義製材所等林業文化資產。

民國98年起，嘉義開始進行舊有歷史建築「保存、復舊、再利用」，2019年製材所整修完成開放參觀，內部保留當時的乾燥室、製材工廠和動力室，有些展覽區特別以簡單易懂的方式介紹嘉義建築特色；廠房外常舉辦市集等藝文活動。此外，相當推薦在舒爽的季節，選一天至後方的大草皮區野餐，看台灣各式火車飛馳而過。

嘉義製材所

北門火車站
以阿里山特有紅檜建成

嘉義市東區共和路 428 號
afrch.forest.gov.tw

　　1899年日本政府發現阿里山上的大片森林後，開始修築鐵道，北門車站是其中最早開站的車站之一，啟用於1912年，為森林鐵路蒸氣小火車的起點，也是阿里山鐵路貨運集散地，沿線山區物資均仰賴這條火車線。北門站與嘉義車站之間的區域則規劃為營林所、貯木池、製材場等，因此目前的林森路以往木材行林立。後來木材業沒落，北門車站以通勤服務為主，新站完成後再度轉為貨運與維修站。

　　車站雖曾遭逢祝融之災，所幸災後仍照原樣貌修復，全採阿里山的高級紅檜修建，屋頂保留具擋雨避邪作用的鬼瓦建材，讓整座經過百年歲月洗禮的褪綠色建築顯得雋永典雅。遊客除了可由此搭森林鐵路上阿里山外，時間有限者還可搭車到嘉義站，短短七分鐘的車程，小小體驗阿里山小火車的魅力。

嘉義 北門車站

玉山旅社咖啡
60 年老屋輾轉重生

嘉義市東區共和路 410 號
10:00–17:00

　　玉山旅社的創辦人陳聰明1966年退休後，將他們在北門車站前的街屋改為旅社，基於地利之便，山區小販常落腳於此，當地人稱之為「販仔間」。但創辦人過世後，轉手好幾次，幾乎就要停業，所幸淇雅文化協會接手重新整修，改為咖啡館青年旅社，讓我們還有機會欣賞這棟一甲子的老屋。目前老旅社除了提供簡單餐飲外，還承襲以往的旅店經營方式，提供簡單的住宿，並歡迎大家入內參觀。

林木古道 散策

嘉義舊監獄 ＞ 矯正塾 1921 ＞ 北門雲霄古道

The Chiayi's Old Prison Museum

走走
135
藝遊未盡

嘉義舊監獄（獄政博物館）
唯一完好的日治監獄建築

嘉義市東區維新路 140 號
採團進團出志工導覽方式參觀，開放時段：
09:30、10:30、13:30、14:30，週一公休

左：監獄建築構造具日治時期的建築特色：扇型聚落、拱門窗及斜柱。右：「舊監 134」新聚落，以往典獄長住在維新路 134 巷的建築中。

　　1922年完工的嘉義舊監獄建築群，共有28座建築，另包括工廠、辦公廳、上百戶宿舍建築，以前還設有護城河，居民會在河邊洗衣、孩童在河裡抓泥鰍，自成一座小聚落。《童年往事》這部電影即在此取景。其最大的保存價值在於各棟建築皆採不同的工法建造，樣式多元，屋頂使用日本黑瓦，門窗壁板均使

用在地的檜木與扁柏，堅固耐用之外，也講求防逃的專業施工法，如男子牢房建築呈輻射狀排列，以利監管全境，而內部特別採挑高設計，並設置了「貓道」空中巡邏道，不但具監視作用，還有利通風、採光。女子監獄則為全檜木地板，設有大澡堂與育嬰室等人性化設施。

舊監獄宿舍區為監獄相關法治單位的員工宿舍，始建於日治時期，後經幾次地震，曾經過多次整修，可見不同時期之建築風格。

北門雲霄古道
早年入城的主要道路

民權路及吳鳳北路交會處旁的公園，為清朝時的「北門」，這區算是較晚發展的區域，多為軍事所用。日治時期在此設立嘉義署廳，取代清朝所設的縣衙，後來的嘉義市政府也設在這區，一直是嘉義的政權中心。

這區的「雲霄古道」為現今的共和路135巷，因早期移民多來自福建省漳州府雲霄廳聚落而得其名，據傳這個聚落的人家主要以製香維生，古道中仍保留幾棟優雅的古厝。

街屋
嘉義吳鳳北路

矯正塾 1921
老屋活化新生的功臣

　　矯正塾為整修老屋時的營運基地，「19」、「21」除了是打通的這兩棟宿舍原本的編號外，還與嘉義舊監宿舍上棟梁的年分1921年不謀而合，而矯正署為監獄的最高管理單位。這棟老屋特別取名為「矯正塾」，以「塾」點出其教育、推廣之意，並藉此象徵所有老屋舊料都將在此再利用、重獲新生。市政府推出「以修代租」的方式招攬木業相關產業進駐活化老屋，目前已有福樟良材木創工坊在此提供木工坊體驗課程。

矯正塾 1921

洪雅書房
不懈的閱讀堅持

義市東區長榮街 116 號
14:00-20:30，週三 14:00-21:30

台灣圖書室
孕育嘉義青年學識

嘉義市東區中山路 255 號
14:00-21:00，週日、一公休

　　號稱南台灣最活躍的獨立書店，絕對名不虛傳！深受台灣圖書室影響的洪雅書房老闆，藉由獨立書店這個平台，舉辦無數講座及走讀小旅行，為嘉義注入無比的活力與朝氣。

　　任職於嘉義省立醫院的張宏榮醫師，在嘉義找到一個空間，將自己收藏的台灣書籍陳列在此供大家免費閱讀，並常舉辦講座與讀書會，啟蒙了一批有為青年。張醫師返回故鄉屏東後，圖書室也隨之暫停，後來才順利復活，繼續讓更多人有機會了解台灣歷史與精神，可謂培養嘉義在地文青的始祖。

　　台灣圖書館目前所在的老建築也相當有韻味，正積極整修中，將以更美好的方式重新開放。

拾筆文具店
快樂找筆的日子

嘉義市東區垂楊路 156 號
13:00-20:00，週一、二公休

左：為了讓客人清楚了解各種墨水顏色，店內產品的呈現方式也有些不同。右：老闆長年累積下來的手作墨水色卡，放在架上供顧客參考。

　　喜愛文具、更喜歡拿著筆桿書寫的老闆，透過傳統的紅字條找屋，覓得這棟位於垂楊路巷弄內的老屋，將原本的餐廳空間改為筆店，讓嘉義愛好鋼筆、硬筆的筆迷，也有了一個自在試寫、選購的空間。

　　老闆說她初次拜訪台中的鋼筆工作室時，深深著迷於讓客人自由選逛、無壓力的經營方式，因此在她自己的小店裡，也力行此風，不過度干擾，並大方將自己收藏的各式筆放在架上讓客人試寫，真是良心事業啊。

　　有興趣者也可請老闆介紹，店內筆類非常齊全，一定能藉此機會對筆的設計有更深的認識，也或許能找到一支陪伴自己一輩子的好筆。

葫蘆。蘋果。貓 大齡食堂
慢慢吃的家傳美味

嘉義市東區東義路22號／11:00–13:30、17:00–20:00，週日、一公休／低消每人200元

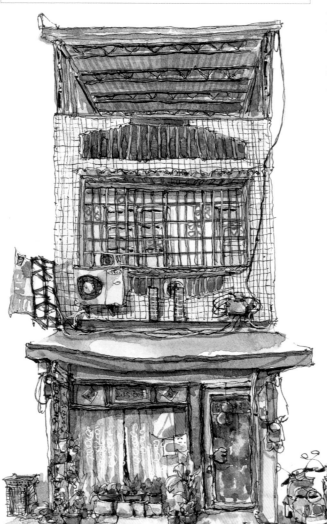

大齡花甲食堂 Sai

以象徵福氣、平安、慢活命名的「葫蘆·蘋果·貓」，為嘉義基督教醫院和雙福基金會合作開辦的大齡食堂，讓嘉義市居家服務中心常樂園的長者們，有個發揮廚藝、與人互動的舞台，將滷豬腳、湖南紅燒肉、花雕醉蝦、梅干扣肉等美味料理，做成兩百元的簡餐或便當。

食堂的誕生是因為2016年雙福基金會曾與長者合作編著一本《藝手好菜憶種味道》，整理出各家充滿回憶的家傳菜，但說書還不過癮，乾脆辦個食堂讓大家實作出來。這裡都是七八十歲的大齡服務生，來吃飯會發現長者有三慢：炒菜慢、走路慢、上菜慢，但創辦單位也希望藉此讓顧客體驗慢活、慢食的好心情。

真的很推薦大家到嘉義旅遊時，過來吃頓飯，和資深服務生們聊聊，再到附近的33+V喝杯咖啡。

Jun 手感作物
手染與編織的生活藝術品

嘉義市東區融和街 19 號

　　品牌創辦人Jun本身就是一位愛撿舊物的奇女子，將安靜巷弄裡的平房改為工作室，擺進自己收藏的各式老物。老物雖多，卻一點也不顯雜亂，總能在一些小地方看到Jun的改造能力。

　　Jun的手染與編織作品有種能夠勾勒出一片無垠想像空間的力量，創作者有著將生活中的美，融入手感作物的魔力。她最喜歡不設限的創作，利用一般不用的材料，打造出一件件美麗的手作品，賦予廢材新生命，就連水果店芒果、哈密瓜的包材都能改造成實用又美觀的包裝袋。

　　目前Jun著重於編織品與手染服飾，每季都會推出新產品，其中還包括母子裝，而獨特的手染窗簾、門簾更是許多咖啡館訂製的熱門品項！除了可在枝椏、勇氣書房、粉專買到Jun的產品外，也推薦預約到工作室選購或參加編織課程，親自看看Jun如何將藝術實踐於生活日常中。

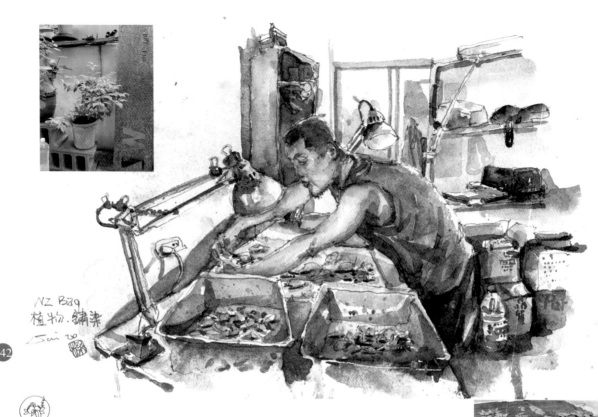

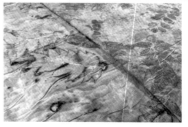

NZ Bag
植物. 鏽染
Jui 20

WZ bag/life/art
植物染、鏽染創作

wzbaglifeart.blogspot.tw

專業植物染是項辛苦的
體力活,需專注地投入
捲、煮的工作。

　　設計出身的Willam與藝術背景的太太一起鑽研
植物染,後來又加入陽剛氣較重的鏽染,結合皮革
與舊衣物,打造出個性鮮明的WZ包,有些客人也
會拿自己的舊衣物請WZ改造為獨具特色的鏽染皮
革包。現在商品愈來愈多元,包括依季節推出的服
飾、圍巾,也常到各機關舉辦相關課程,推廣這門
運用身邊植物延展出各式創作的藝術。

遠一點。沉醉郊區的美

帶你走遠一些，我們往市區四周的鄉鎮探索。
看看嘉義毫不掩飾的自由靈魂，如何從各處牽連串成一
幅多采多姿的圖畫，走進每一處空間都彷如踏入一部電
影，故事豐富且耐人尋味，等待有緣人來聆聽。

寧靜休閒音樂書房
精心籌劃的古典音樂會

嘉義縣竹崎鄉李厝1號附8／每週六、日
14:00~17:30／入園費150元，室內音樂會
500元

每個月一場室內音樂會，邀請專業音樂人介紹該場
次的樂曲與音樂家。

創立音樂書房的蘇泰榮先生本身是一
位熱愛古典音樂的雕塑與美術老師，
十多年前就已開著「行動音樂廳」的廂
型車，到台灣各地偏鄉推廣古典樂，並
在嘉義鄉間租舊廠房，改為「音樂夢工
房」，後來又在竹崎灣橋村現址，花了
兩年時間打造一座理想中的寧靜休閒音
樂書房，週末開放，讓大家來聽音樂、

喝咖啡。此外，他也廣邀音樂人到此舉
辦小型室內音樂會，讓嘉義古典樂的同
好，有機會欣賞傑出音樂家的演出。中
場休息時間還會精心準備下午茶與紅、
白酒。目前正在規劃新的音樂藝術園
區，將結合蘇老師的雕刻藝術，提供更
棒的音樂空間，令人拭目以待。

音樂書房 Jai 2010

大林
大林鎮榮獲義大利「慢城」認證

搭火車從嘉義站至大林站，車程約 15 分鐘

左：大林與鄰近的梅山鄉合力推出林董愛小梅的觀光路線，推薦了許多這兩個鄉鎮的好去處／右：重獲新生的萬國戲院。／下：紹偉用隔熱咖啡杯套即興速寫。

原來大林所在位置本是一座森林，因此舊名為「大埔林」，在鎮內的大林車站與慈濟醫院之間，仍保有一片廣大的綠園。日治時期，大林因糖廠而成為嘉義最富庶的城鎮之一，火車站老建築和萬國戲院都是當時的歷史見證。

像是火車站旁的台鐵站長宿舍是日治時期的木造建築，整修後仍保留其優雅的氣質，每逢春季時，老建築前的黃花風鈴木盛開，尤其迷人。此外，只要講到大林，嘉義人首推的必是車站前的臭豆腐，確實是外皮酥內香嫩的美味好食，自製辣椒醬也一級棒。

最推薦的是重獲新生的萬國戲院，這間民國57年開業的老戲院位於火車站不遠處，重新整修後，戲院裡時常舉辦講座、播放老電影。走在滿是老梁木的建物裡，別有一番趣味。大林當地的文史團隊也常舉辦走讀小旅行，推薦找個週末參加，好好認識大林這座「慢城」。

遠一點
145
沉醉郊區的美

大林萬國戲院

渡對
藝流的無菜單料理

嘉義縣民雄鄉東榮路 21 號
12:00-20:00，週一、二公休

左：改良過的薄皮海鮮煎餅，搭配充滿南洋風的檸香辣醬，爽口香脆！／右：強調以原食材自創料理，就連簡單的當季飲品都好喝得令人印象深刻。

　　位於民雄火車鐵軌旁的渡對，取自台語諧音「遇到」。創辦家庭本身長期投入教育工作，一直以來，生活講求的就是創意、不設限、重實作與原材創作，沒想到有一天，他們的教育理念竟能運用在料理，甚至老屋修復上。

　　渡對在偶然的因緣際會之下，開始整修這座荒廢已久的碾米廠，以古今共融的手法，重現藏在牆內的古磚、竹編牆，以及原本優雅的木結構，讓客人到

此用餐時，能欣賞老屋本身的時間感與歷史感，成為讓人自然地親近美學的生活場域。餐飲注重原食材製作，除了嚴選食材，還將創意融入兒時記憶中的各式傳統料理，呈現出升級版的古早味，既舊又新的口味也恰恰呼應了這棟老屋的古今共融之感。

民雄
DO right
Joi 20

慢靈魂
Slow Soul Coffee
純粹醇厚慢慢喝

嘉義縣民雄鄉復興路 93 號
10:00-19:00，週二公休

同樣是青年返鄉的李佳晉，很早就決定回民雄開設一家心中的理想咖啡館，由於他很喜歡彈吉他，而慢靈魂正是吉他常用到的節奏類型，又相當貼近民雄小鎮的步調，便以此命名。經營方向希望保持咖啡館的純粹度，餐飲不過度繁雜，使用自家烘焙咖啡豆，搭配簡單的手作甜點，讓民雄人或來訪的遊客，能簡單而自在地品嘗一杯好咖啡。

正積極整修的民雄老宿舍群，未來將是文創區。

Slow Soul Coffee

遠一點

147

沉醉郊區的美

以「七星山主峰」所設計的商標。在店內買掛耳咖啡，店主會以復古的藥袋包裝。

嘉義縣民雄鄉

七星藥局
串起一家三代的情感

嘉義縣民雄鄉中樂路 16 號
08:00-22:30

創立於1960年的七星藥局，位於民雄最早發展的中樂街，也是第一代老闆吳進北上松山七星醫院擔任藥局生與醫佐後，回鄉開設的藥局。目前由癡迷於古物、也愛手繪的第二代老闆吳嘉文主事，一聊起店內各件優雅古物，便滔滔不絕地分享藥局內的老藥櫃、早期出版的廣告公仔、鐵製的老招牌……等。第三代返鄉加入經營後，讓六十年的老建築又有了新氣象，因此有人稱這家藥局是「阿公蓋的樓、爸爸收的貨、兒子改的店」，每一代人都在此創造並留下吳家人的歷史軌跡。第三代加入後，特別委請同樣是青年返鄉的慢靈魂咖啡配了一支適合藥局調性的咖啡豆，製成掛耳包在店內販售，不買藥的遊客可以買包百藥之王——咖啡。

若有時間，還可至附近民雄市場裡的澤雄麵食攤品嘗罕見的磅皮麵，所謂的磅皮是油炸豬皮，與配料一起滷煮後淋在炒麵上。

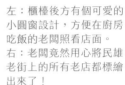

左：櫃檯後方有個可愛的小圓窗設計，方便在廚房吃飯的老闆照看店面。
右：老闆竟然用心將民雄老街上的所有老店都標繪出來了！

後面的大木櫃是六大件古董櫃組成的，很難得能收到這麼完整的物件。最底端的老木櫃，原本是中藥行裡的木桌，因此後面有著許多裝中藥的小抽屜。

故宮南院
唯美水墨院區

嘉義縣太保市故宮大道 888 號
09:00-18:00，週一公休

　　定位為亞洲藝術文化博物館的故宮南院，占地達70公頃，總設計師姚仁喜先生將整座園區規劃為博物館區、景觀園、人工湖，整體動線經過細心規劃，宛如電影場景般，一幕幕緩緩揭開在過橋、入館的訪客眼前。

　　過橋後的緩坡，會讓視線自然地延伸開來，進館後，先是無結構支撐的玻璃體，緩緩深入可看到藍天白雲的寬廣中庭。設計師將此比喻為電影中的轉場，讓訪客準備好探索館藏的好心情。

　　主建築內部分為東、西兩翼，設計靈感來自中國水墨畫之濃墨、渲染與飛白3種技法，東側的「飛白館」以高達六層樓的玻璃帷幕打造而成，在湖、光交錯下的空間，既虛、又實，散發著東方禪意，還具節能之效。西側的「墨韻樓」外

國立故宮博物院南部院區
SOUTHERN BRANCH OF THE NATIONAL PALACE MUSEUM

部以近三萬六千個鑄鋁墨色圓盤裝飾而成，猶如堅實的青銅器，圓盤上意寓著跨文化文明的同心圓圖騰，將筆直的陽光折畫為流動的光影，還能保護館藏不受日曬的破壞。更有趣的是，站在「飛白」撞進「濃墨」的四面窗空間裡，宛如立於懸崖邊，回首窗外的來時路。

為了保護館藏不曝曬於陽光下，建築師特別在牆上挖了九十八組圓筒點狀、烤漆玻璃小窗，將自然光線引進廊道，而且這些開窗的位置還是參照中國易經八卦的圖像數列「河圖洛書」排列而成的。

館內展覽規劃了五間常設展廳、兩間專題展廳，另還有多媒體展廳及兒童創意中心。除了台北本館的重要館藏南下巡迴展外，還特別展出故宮珍藏的嘉義相關文物，包括清定風珠及乾隆林爽文事件平定諸羅城後所做的「平定台灣圖」銅版畫等。而「佛陀形影」主要展出亞洲佛教藝術珍品，如清代孝莊太皇太后鉅資完成的釋迦牟尼佛語的總集─內府泥金寫本藏文龍藏經。

廣大的戶外園區更規劃了完善的親子遊樂設施，傍晚湖色倒映的夕陽晚霞，也是南院的亮點。

24 AUG 2019

清木屋
懷舊文青咖啡館

嘉義縣朴子市市東路 40 號
11:00–18:00，週二公休

　　90年老診所改的咖啡館，仍保留當時
的建築結構。原本的候診室、手術室、
病房等，展覽著日治時代以來的醫療文
物，有些則改為客人享用茶點咖啡的座
席。在黑膠唱片的樂音中更加凸顯悠悠
舊時光的氛圍。

　　清木屋希望藉此空間為朴子藝文盡點
力，因此常舉辦音樂會、講座，讓過往
的清木外科診所，成為名符其實的懷舊
文青咖啡館。

嘉義.中埔鄉農會

中埔鄉農會金蘭分部
老穀倉變身藝術館

嘉嘉義縣中埔鄉台 18 線 172 號
08:00–16:30，週六、日公休

　　被譽為全台灣最美的農會可一點也不為
過。中埔鄉農會在金蘭分部百周年時，重新
整建占地3,300多坪的金蘭園區，讓十六座
老穀倉有了新氣象，成了文創與農業休閒中
心，並將一座七十年歷史的老穀倉，以「清
水模」工法，改造為彷彿設計旅館般的營業
廳，真是太令人驚豔了。

Hana 廚房
隱藏深山的料理夢

週三－週日 07:00-17:00，11:00 開放入座
強烈建議先電話預約：0975117154，可預約
11:00、12:30、14:00 三個時段

深山部落裡的Hana廚房有著超水準的餐飲水準。以在地建材打造出完全融入部落與大自然的半開放用餐環境，既能舒適用餐、也能欣賞山中的綠意盎然；餐點幾乎都以在地食材料理，這麼做也是希望與部落的小農共榮共存，因此店內還販售小農的農產品與當地食材特製的醬料，如風味十足的山胡椒、紅肉李子醬等；而最令人期待的Hana手工烘焙品，口感一點也不輸歐洲的烘焙坊，與

路途雖遙遠，
沿途風光也真
值得這趟路。

自家醃製的烤肉完美搭配；看似平凡的
沙拉，卻可能是Hana餐飲中最亮眼的
部分，紅肉李沙拉醬加上橄欖油，讓人
一口接一口；夏天還會以消暑的西瓜入
菜，非常有創意！

　　Hana希望透過這家餐廳為當地部落
創造更多經濟價值，不只是自家餐廳生
意好，也期望員工以這裡為夢想的起跑
點，在此訓練、提升自身才能，有朝一
日也能讓自己的夢想成真。

HANA 廚房

阿將的家 23 咖啡館
山城裡有咖啡香

嘉義縣阿里山鄉四鄰 129-6 號／09:00–16:00、
週日 09:00–18:00，週二、六公休

　　在一次風災過後，阿將夫婦倆來到這片深山裡的茶園區，利用在地建材、廢鐵，打造出這座具有部落風情的童話聚落，其中還包括精心設計的貓咪小窩。目前全部工程仍未完成，店主時而在一角處理木料，時而跑跑堂送餐，二十多年時間就這麼過去，理想中的家園也慢慢成型，與想來享受山林美景的遊客，分享這一片清新。往返Hana廚房途中可停下來喝杯阿里山咖啡與米鬆餅，這裡也提供民宿。

阿將的家
Tsai

順天堂醫院

1941年，張進通與被嘉義人尊稱為「嘉義媽祖婆」的許世賢博士，自日本留學榮歸故鄉嘉義後，將北門圓環旁原本五開間的兩層樓旅館建築改為順天堂醫院，引進最先進的醫療技術與器材，為病患開刀診療。順天堂的建築立面採溝面磚裝飾，原本的女兒牆呈左右不對稱設計，可惜現在只留下左側部分牆面。

手在比薩

嘉義著名手工創意披薩，就連麻辣鴨血、東石蚵仔也能作為披薩的食材！辣雞翅、辣肉醬焗烤千層麵則是最受好評的品項。

嘉義市西區忠義街129-1號／11:00-21:00

穀谷

穀谷為文化公園周區隱巷的日式老宅改建的，由於老闆的爺爺從事穀物耕作，父母則是山林的愛好者，因而取名為「穀谷」。內部全為木地板，還有間褟褟米和式用餐空間，提供手工創意披薩、吻仔魚烘蛋、咖哩和下午茶。

嘉義市東區康樂街54巷1號／11:00-20:00，公休日期公布於臉書，需預約

書旅拾光 & Bobooks

「旅行，從一本書開始！」一樓是拾光咖啡書店及住客的共用交流空間，樓上的住宿區除了規劃雙人房外，也提供多人床房型，讓背包客輕鬆慢遊嘉義小城。

嘉義市西區中正路597號／www.gobobooks.com

黃文醫院紀念建築

日治時期原為津本喫茶店，後改由黃文醫師開設育生診所，是嘉義市第一棟登錄為紀念建築的文化資產，散發著30年代的摩登風情。木屋已相當老舊，所幸文資團體發起而保存下來，免於被拆除。建築為兩戶連棟的磚木瓦頂結構，內部的木造工藝卓越，見證了在日治時期「嘉義市銀座」現代主義的建築語彙與設計特徵，且具有地方醫療史的文化價值。

黑人魯熟肉

市區最著名的應該是黑人魯熟肉，這攤最特別的是加了爽脆荸薺的白色旗魚腸、肉捲、瓠瓜米粉湯，但各人口味不同，也有些人比較無法欣賞其口味。對面是黑人的弟弟負責的信味香香腸鋪，大香腸是豬後腿肉、中藥與高粱酒調味而成的。糯米腸除了是天然腸衣外，一般糯米腸包的是花生，這家卻是皇帝豆。

嘉義市東區共和路84號／14:00-18:00，週一公休

成仁街

以往這區是米穀的交易區，舊名為「米街」，這裡的人家生活較富裕，藝文風氣也較盛，培養出不少藝術家子弟，因此成仁街是嘉義著名的「美街」。

Moor Room 荒屋

這棟閒置已久的空屋原為木材行，曾經就讀服裝設計與美術系的店主，對衣著選件眼光獨到，與夥伴共同打理這家台灣古著服飾店，並兼售國內外獨立音樂專輯。

近期將搬家，詳情見Facebook粉專。

阿伯古早味手工汽水

這個年代竟然還有手工汽水！而且口味一點也不馬虎，包括沙士汽水、葡萄、蘋果、橘子、百香果等口味。台版手工氣泡飲的味道比一般大量生產的汽水更天然，有點像是古早味的彈珠汽水加上果汁，葡萄口味甚至還可吃到果乾。現在由第二代繼續經營。

嘉義市西區向榮街199號／10:30-18:00

04

嘉義，旅行與速寫：
畫家帶路，找一片留在心底的風景

作 者	吳靜雯、梁紹偉
總 編 輯	張芳玲
編輯部主任	張焙宜
企劃編輯	張芳玲、鄧鈺澐
主責編輯	鄧鈺澐
封面設計	許志忠
美術設計	許志忠
行銷企劃	鄧鈺澐

太雅出版社
TEL：(02)2368-7911　FAX：(02)2368-1531
E-mail：taiya@morningstar.com.tw
郵政信箱：台北市郵政53-1291號信箱
太雅網址：http://taiya.morningstar.com.tw
購書網址：http://www.morningstar.com.tw
讀者專線：(02)2367-2044、(02)2367-2047

出 版 者	太雅出版有限公司
	106台北市大安區辛亥路1段30號9樓
	行政院新聞局局版台業字第五○○四號
總 經 銷	知己圖書股份有限公司
	106台北市辛亥路一段30號9樓
	TEL：(02)2367-2044 / 2367-2047　FAX：(02)2363-5741
	網路書店 http://www.morningstar.com.tw
	郵政劃撥 15060393(知己圖書股份有限公司)
法律顧問	陳思成律師
印 　刷	上好印刷股份有限公司　TEL：(04)2315-0280
裝 　訂	大和精緻製訂股份有限公司　TEL：(04)2311-0221
初 　版	西元2020年12月01日
定 　價	360元

(本書如有破損或缺頁，退換書請寄至：台中市西屯區工業30路1號　太雅出版倉儲部收)

ISBN 978-986-336-406-1
Published by TAIYA Publishing Co.,Ltd.
Printed in Taiwan

國家圖書館出版品預行編目(CIP)資料

嘉義,旅行與速寫：畫家帶路,找一片留在
心底的風景／吳靜雯，梁紹偉作．
——初版，——臺北市：太雅，2020．12
面；　公分．——（Taiwan creations；4）
ISBN　978-986-336-406-1　（平裝）
1.旅遊 2.嘉義市
733.9/126.69　　　　　　　　109015373

編輯室提醒：出發前，請再確認一次店家資訊。每個
城市都是有生命的，會隨著時間不斷成長、改變。因
此，提醒本書讀者，請多利用書中提供的店名與關鍵
字，再次確認相關訊息。

填線上回函，送 "好禮"

感謝你購買太雅旅遊書籍！填寫線上讀者回函，
好康多多，並可收到太雅電子報、新書及講座資訊。

好康 1

每單數月抽10位，送珍藏版
「祝福徽章」

方法：掃QR Code，填寫線上讀者回函，
就有機會獲得珍藏版祝福徽章一份。

好康 2

填修訂情報，就送精選
「好書一本」

方法：填寫線上讀者回函，及填寫「使用心得」欄，
就送太雅精選好書一本(書單詳見回函網站)。

＊同時享有「好康1」的抽獎機會

嘉義，旅行與速寫
畫家帶路，
找一片留在心底的風景

https://reurl.cc/Y6eN8x

＊「好康1」及「好康2」的獲獎名單，我們會
　於每單數月的10日公布於太雅部落格與太
　雅愛看書粉絲團。
＊活動內容請依回函網站為準。太雅出版社保
　留活動修改、變更、終止之權利。

太雅部落格 http://taiya.morningstar.com.tw
　有行動力的旅行，從太雅出版社開始